Realidade e cognição

DISCURSO EDITORIAL

Coordenação
Milton Meira do Nascimento
Projeto gráfico e Diagramação
Helena Rodrigues
Revisão
João Paulo Monteiro

FUNDAÇÃO EDITORA DA UNESP

Presidente do Conselho Curador
Marcos Macari
Diretor-Presidente
José Castilho Marques Neto
Editor Executivo
Jézio Hernani Bomfim Gutierre
Assessor Editorial
João Luís C. T. Ceccantini

Conselho Editorial Acadêmico
Antonio Celso Ferreira
Cláudio Antonio Rabello Coelho
Elizabeth Berwerth Stucchi
Kester Carrara
Maria do Rosário Longo Mortatti
Maria Encarnação Beltrão Sposito
Maria Heloísa Martins Dias
Mario Fernando Bolognesi
Paulo José Brando Santilli
Roberto André Kraenkel

Editora Assistente
Denise Katchuian Dognini

discurso editorial
Av. Prof. Luciano Gualberto, 315 (sala 1033)
05508-900 – São Paulo – SP
Telefone (11) 3814-5383
Telefax: (11) 3034-2733
E-mail: discurso@usp.br
Homepage: www.discurso.com.br

Editora
UNESP
Fundação Editora da UNESP (FEU)
Praça da Sé, 108
01001-900 – São Paulo – SP
Tel.: (0xx11) 3242-7171
Fax: (0xx11) 3242-7172
www.editoraunesp.com.br
feu@editora.unesp.br

João Paulo Monteiro

R̲ealidade e cognição

discurso editorial

Editora UNESP

Copyright © Discurso Editorial, 2006

Nenhuma parte desta publicação
pode ser gravada, armazenada em sistemas eletrônicos,
fotocopiada, reproduzida
por meios mecânicos ou outros quaisquer
sem a autorização prévia da editora.

Dados Internacionais de Catalogoção na Publicação (CIP)
(Câmara Brasileira do Livro, SP, Brasil)

Monteiro, João Paulo
   Realidade e cognição / João Paulo Monteiro. --
São Paulo : Discurso Editorial ; Editora Unesp, 2006.

   ISBN 85-86590-68-1 (Discurso Editorial)
   ISBN 85-7139-636-1 (Editora da Unesp)

   1. Cognição 2. Filosofia 3. Realidade I. Título.

05-9638   CDD-100

Índices para catálogo sistemático:

1. Filosofia   100

Editora afiliada:

Sumário

Nota introdutória 7

1. Saber 11
2. Consciência 35
3. Observação 59
4. Causação 85
5. Realidade 103

Conclusão 151

Referências bibliográficas 157

Nota introdutória

Este livro argumenta a favor de uma atitude filosófica oposta tanto às diversas formas de ceticismo, antigo ou contemporâneo, como às diversas filosofias que procuram recusar o radical desafio cético a partir de pressupostos falsamente evidentes. Não é prudente recusar esse desafio, tal como não é razoável render-se a ele. Desafiar o desafiante é possível, mas apenas concedendo-lhe a parte de razão que lhe cabe, quando nos diz que nada sabemos, apenas em um dos sentidos de "saber", mas um sentido relevante que deve – é a posição aqui defendida – levar-nos a reconhecer a conjeturalidade da maior parte do que julgamos saber, e a preferibilidade de alguma forma de falibilismo, de aceitação da falibilidade de quase todas as nossas convicções. Nesta breve nota inicial não serão apontados nomes de filósofos ou de "doutrinas" – o leitor irá encontrar alguns deles ao longo do caminho constituído pela leitura dos cinco capítulos que se lhe seguem, dedicados ao que considero serem alguns dos temas mais problemáticos da filosofia contemporânea.

O esforço feito aqui desde início para esclarecer os limites do saber humano, para assumir a falibilidade e conjeturalidade de quase todas as asserções que podemos fazer sobre o mundo natural, sobre o mundo humano, sobre as outras pessoas e mesmo sobre a própria natureza do sujeito do saber, destina-se a abrir caminho para a discussão dos argumentos que podem ser apresentados como explicativos de fenômenos como o da observação e o da causação, e de "mistérios" como o da natureza da realidade e o da natureza da própria consciência.

As teorias filosóficas que este livro defende vão desde as mais enraizadas na tradição da história da filosofia, como a explicação da inferência causal a partir da repetição, passando pelas que combinam convicções mais comuns, como a da objetividade da observação, com concepções como a da "carga teórica" subjacente a cada percepção, até às que se arriscam a chocar a maior parte dos leitores, como a concepção da consciência como apreensão de estados do organismo do próprio sujeito, ou a própria limitação da "certeza absoluta" apenas ao momento presente. O conjunto visa sobretudo suscitar o debate filosófico atual – sem desmerecer dos estudos de história da filosofia, que ocupam a maior parte do tempo dos profissionais da filosofia, incluindo o autor da presente obra – e estimular o espírito crítico de todos, estudantes ou professores, que se empenham em nunca resistir à sedução da reflexão filosófica.

Os capítulos 2 a 5 são versões modificadas de artigos já publicados. O segundo retoma, amplia e atualiza "Corpo e Consciência", apresentado em 2001 no colóquio *A Mente, a Religião e a Ciência* e publicado em 2003 no volume com o mesmo título do Centro de Filosofia da Universidade de Lisboa, assim como no nº 33 da revista *Discurso*, da Universidade de S. Paulo. O terceiro (a partir da parte II) é uma ampliação de "Impregnacionismo", publicado em 1985 no nº 1 do vol. 2 da revista *Análise*, de Lisboa. O penúltimo retoma e amplia o núcleo central de "Strawson e a Causação Visível", publicado no volume *A Filosofia Analítica no Brasil*, Papirus Editora, Campinas, 1995. O último reproduz, com pequenas alterações, "Realismo e Apreensibilidade", texto aceite por três revistas em 1993, tendo saído primeiro sua tradução para o espanhol na revista mexicana *Diánoia*, nº 40, em 1994, e depois o original em língua portuguesa, em 1995 no nº 18 da revista *Análise* e em 1996 no nº 5 da revista *Ciência e Filosofia*, da Universidade de S. Paulo. Partes do primeiro capítulo, bem como da conclusão, foram utilizadas em conferências e debates em Portugal e no Brasil, mas nenhuma delas foi ainda publicada.

1. Saber

Que podemos saber? Talvez hoje ninguém possa responder a essa célebre pergunta de Kant no sentido mais ambicioso do saber como "conhecimento", seja em termos kantianos – o saber como conjunto dos juízos subjetiva e objetivamente suficientes – seja nos termos predominantes durante parte do século XX – o conhecimento como crença verdadeira e justificada. Prefiro discutir um outro conceito mais modesto, também tematizado na filosofia kantiana, o da "cognição" como representação consciente objetiva, mas sem tentar penetrar nas questões de psicologia cognitiva discutidas em obras situadas na fronteira entre a ciência e a filosofia (por exemplo Goldman, 1986).

A essa famosa pergunta a filosofia contemporânea foi dando uma imensa variedade de respostas, em geral sem procurar distinguir entre conhecimento *(Wissen)* e cognição *(Erkenntnis)*, todas elas buscando proclamar a vitória da filosofia sobre o ceticismo radical – o qual, a essa pergunta sobre o que podemos saber, secamente responde "nada" – procurando mostrar que afinal podemos, em algum sentido do termo, saber alguma coisa, oferecendo uma receita ou método para achar o caminho ao fim do qual estaria a panela de ouro do saber. Quanto a mim, tenho duas convicções principais, que confio não serem incompatíveis entre si: primeiro, que tal receita simplesmente nunca foi encontrada, e talvez não possa sê-lo, e segundo que o ceticismo tampouco constitui resposta aceitável à pergunta kantiana.

Desde Descartes até Wittgenstein, a filosofia tem procurado estabelecer um domínio seguro, a salvo da negação cética, desde a pretensa autonomia do Eu pensante até à evidência de que tem de haver uma comunidade lingüística, tornando impensável o ceticismo. Meu argumento inicial será também para mim o principal: que Descartes tinha razão pelo menos ao dizer que inicialmente só devo aceitar as coisas que não posso pôr em dúvida (DESCARTES, 1641) – mas que aquilo que não posso pôr em dúvida é bastante *menos* do que supunha esse filósofo. Que a única certeza legítima é a sensação do momento é uma asserção atribuída ao físico Ernest Mach, e combinando isto com o argumento cartesiano do gênio maligno resulta que nem mesmo posso ter a certeza de que o conteúdo do presente momento consciente seja realmente uma sensação. Esse conteúdo pode talvez ser outra coisa, como por exemplo um devaneio da fantasia, ou qualquer outro tipo de ilusão de que eu possa estar sendo vítima.

Diversos filósofos, especialmente Donald Davidson, questionaram a legitimidade dessa atitude de "solipsismo metodológico", ou seja, a atitude do filósofo que toma como ponto de partida a tese de que só é real o próprio Eu, mas apenas nos termos da dúvida metódica cartesiana, sem realmente acreditar que não existem outros sujeitos, ou que não existe um mundo onde ele próprio vive ao lado deles. Esta atitude metodológica situa-se, de Descartes a Quine, no próprio cerne da reflexão filosófica contemporânea. Esse questionamento daquela postura metodológica, questionamento com algumas raízes em Wittgenstein, afirma fundamentalmente a impossibilidade de considerar o sujeito humano isolado, pois sempre o encontramos no interior de um contexto lingüístico – o que pressupõe, ou a comunidade de falantes wittgensteiniana, ou então uma situação dialógica onde a compreensão mútua implica a verdade da maior parte das asserções proferidas (o "princípio de caridade" de Donald Davidson (DAVIDSON, 1984). Ouso lembrar aqui que nada justifica isentar da dúvida cética a própria existência da linguagem, ou da comunicação em geral, coisas que temos o mesmo direito de pôr em dúvida que Descartes, seguido de tantos outros, tinha de pôr em dúvida a existência do próprio mundo exterior. Se me pergunto "o que sei realmente?" é apenas, contra os argumentos de Wittgenstein, Davidson e outros filósofos do século XX, adotando aquela mesma perspectiva solipsista metodológica de raiz cartesiana, que nada supõe além desse personagem que o ceticismo radical afirma poder estar enganado em tudo, esse ao qual chamamos "eu" ou "sujeito" – também apenas metodologicamente, sem supor que esses termos correspondam a alguma coisa "substancial" – para depois tentar propor respostas a algumas das principais questões da epistemologia contemporânea.

Esse sujeito ao qual me refiro é pressuposto pelo próprio argumento do ceticismo radical, como aquele que se deixa iludir pelas aparências, e não teria sentido manter esse argumento e negar (ou mesmo pôr em dúvida) que o sujeito, ou o que se lhe queira chamar, efetivamente pode errar em algumas de suas convicções, independentemente de sua situação lingüística. Se desde logo afirmamos que esse sujeito só tem sentido como membro de uma comunidade de falantes estamos já pressupondo a verdade daquilo precisamente que foi posto em dúvida, e que o ceticismo radical nos desafia a mostrar que não pode encerrar qualquer ilusão: o mundo, natural ou humano.

Não vou aqui retomar os argumentos dos filósofos que discutiram, de diversas maneiras, o solipsismo metodológico (entre os quais se contam, de perspectivas diferentes, Carnap e Fodor), mas apenas adiantar desde já que, se a única asserção imune à dúvida cética é algo como "sou um sujeito que neste instante tem uma experiência", meu argumento é desde logo condicionado, não apenas pela tese solipsista ("existo apenas eu"), mas por algo muito mais difícil, que é chamado "solipsismo do momento presente" ("existo apenas eu neste instante de experiência"), deixando bem claro desde já que esse solipsismo também só pode ser medológico, e não "metafísico", ou qualquer outro tipo de tese que eu possa sustentar, mesmo apenas perante mim próprio – e por razões mais fortes do que o solipsismo clássico, como adiante veremos.

Lembremos a carta que uma dama inglesa, a senhora Christine Ladd Franklin, teria escrito a Bertrand Russell, declarando-se solipsista e ao mesmo tempo muito decepcionada por "não haver outros" (RUSSELL, 1948: 196). O efeito irônico de Russell fere de ridículo não apenas a figura de alguém que se considera a única pessoa existente e se espanta precisamente por não ser a única, mas também o discurso de alguém que diz a outrem (no caso, o próprio Russell) que é o único ser existente, ao mesmo tempo que reconhece, implícita mas obviamente, a existência pelo menos da pessoa a quem está escrevendo. O solipsista, portanto, não pode dirigir-se a outrem e dizer "eu sou solipsista", pois assim cairia em contradição. Mas em sua reflexão solitária sobre o desafio cético ele tem todo o direito de pensar para consigo mesmo que, até melhor argumento, o único ser que sabe que existe é ele mesmo e ninguém mais.

Mas esse direito está fora do alcance de quem lançar mão do solipsismo *do momento presente*, pois nesse caso o sujeito não pode nunca dizer *nem a si próprio* algo como "sou um solipsista do momento presente", porque esse monólogo pressupõe algum tipo de duração, ou sucessão de distintos momentos, e também neste caso o argumento cai numa contradição. Ao pensar algo como "minha experiência do momento presente é a única indubitavelmente existente", fico impossibilitado de usar qualquer momento subseqüente, que se supõe não existir, para tomar consciência [...] de que sou um solipsista do momento presente. Esta situação parece ainda mais impossível de sustentar do que a da notória correspondente de Bertrand Russell.

Poderá isto ser usado como refutação do ceticismo radical?. Penso que não, pois a tese central, na expressão de Mach ou qualquer outra, permanece intocada. Continua a ser possível um argumento do tipo "gênio maligno", ou "demônio cartesiano", ou seja, continua a ser possível que, por exemplo, haja um sujeito criado neste preciso instante, do qual simplesmente não faz sentido supor que tenha alguma experiência senão a deste momento em que inicia sua existência – e que além disso possa ser destruído no instante seguinte, resumindo-se toda a sua existência de sujeito a esse único momento de experiência. E conserva toda a legitimidade uma pergunta da forma "como sei que não sou exatamente como esse sujeito?" Quando afirmo que *sei* isso, que sentido dou ao verbo "saber"?

Para Bertrand Russell, em filosofia só é possível sustentar as duas posições mais extremadas: o chamado "justificacionismo indutivo" e o solipsismo do momento presente. A primeira destas duas posições filosóficas, segundo Russell, defende que "conhecemos princípios de inferência não dedutiva que justificam nossas crenças", e para a segunda "a totalidade do conhecimento limita-se àquilo que eu agora mesmo constato, com exclusão de meu passado e futuro provável". Vários dos mais importantes filósofos do século passado opuseram-se, explicitamente ou não, à primeira alternativa, a posição filosófica do próprio Russell – mas até hoje ninguém adotou, sequer de modo implícito, a alternativa do solipsismo do momento. Ninguém aceitou o desafio de Russell, que sobre esta segunda posição se recusava a acreditar que alguém pudesse honesta e sinceramente escolher a segunda hipótese *(id.*: 197; cf. p. 515).

Não tenho qualquer idéia daquilo que a verve de Russell poderia ter produzido, no caso de ele ter decidido desenvolver as razões de sua recusa do solipsismo do momento. Nosso filósofo é famoso por ter dito, precisamente a propósito da carta de sua pretensa "solipsista", que o solipsismo "é descartado mesmo pelos que pretendem aceitá-lo". No caso mais extremo do solipsismo, o do instante presente, uma possível ironia russelliana seria, como sugeri acima, que por muito que quisesse o solipsista do momento não poderia dizer nada a ninguém, nem sequer a si próprio. Mas vimos que Russell se limitou a dizer que essa posição não pode ser seriamente defendida, e efetivamente não creio ser possível encontrar alguém são de juízo capaz de sustentar o contrário. A não ser, como tenho vindo a sugerir, que se trate simplesmente de uma posição metodológica, ou seja, de um argumento filosófico dizendo que, a rigor e com certeza absoluta, só não é possível duvidar, a cada instante, que nesse preciso momento se está tendo uma experiência, ou um momento de consciência.

Mais duvidosa é a legitimidade da conclusão russelliana de que os filósofos que rejeitarem seu fundacionismo, sua tese de que o conhecimento indutivo acerca do mundo concreto pode ser filosoficamente justificado, estão condenados ao mais absurdo solipsismo, simplesmente por não haver qualquer posição intermédia, menos radical do que qualquer dos dois extremos referidos. Para ele, todos os filósofos "estão reduzidos a essas duas *hipóteses* extremas, por serem as únicas que são logicamente defensáveis" (*id*.: 196).

É claro que nenhum daqueles filósofos que, de forma direta ou indireta, se opuseram ao justificacionismo russelliano se viram por isso obrigados a abraçar o solipsismo radical, mesmo como uma atitude ou um argumento metodológico. Talvez pudessem tê-lo feito, como Carnap naquele seu solipsismo moderado a que também chamava "solipsismo padrão". Na sua obra principal, Carnap apresenta sua própria posição filosófica como "uma aplicação da forma e método do solipsismo", mas sem admitir a tese solipsista central, e dá a essa sua posição o nome de "solipsismo metodológico", expressão esta que tomou emprestada de Driesch e outros filósofos (CARNAP, 1928).

O solipsismo metodológico carnapiano foi ignorado por alguns de seus sucessores, como Ernest Lepore, que no ensaio intitulado "Truth in Meaning" pretende que Jerry Fodor foi o primeiro a empregar essa expressão (LEPORE, 1986), erro esse no qual Lepore persiste em seu verbete sobre a semântica da função conceptual numa enciclopédia filosófica (GUTENPLAN, 1994).

Erro análogo é cometido por Akeel Bulgrami no mesmo volume organizado por Lepore, no artigo "Meaning, Holism and Use", onde afirma que o termo "solipsismo" se deve a Hilary Putnam "e foi adotado por Fodor e outros" (*id.*: 108). No mesmo volume, William Lycan cita em seu artigo "Semantics and Methodological Solipsism" o artigo publicado por Putnam em 1975 com o título "The Meaning of 'Meaning'", bem como o de Fodor intitulado "Methodological Scepticism Considered as a Research Strategy in Cognitive Psychology" como suas próprias fontes relativamente a esse assunto (*id.*: 246).

Há diferenças no uso dessa expressão nesses diferentes filósofos, mas não pode haver dúvida de que seria disparatada a adoção, por qualquer deles, do solipsismo *do momento presente* em sentido metafísico, talvez mais ainda do que no caso do solipsismo tradicional. Mas o uso metodológico daquele solipsismo mais radical faz, ou pode fazer, tanto sentido como acontece no caso deste último, nas obras dos filósofos agora referidos. Carnap, Fodor e Lycan, cada um à sua maneira, apenas procedem *como se* as únicas certezas legítimas fossem as que estão ao alcance do sujeito cognoscente em seu mundo interior de estados mentais ou sentimentos subjetivos. Analogamente, adotar o solipsismo do momento apenas como atitude metodológica de modo algum implica, por um instante sequer, realmente duvidar de que se teve estados mentais no passado, ou de que se é um sujeito cognoscente real que teve uma vida mais ou menos longa. Acontece simplesmente que essa maneira de investigar o que é saber, ou o que podemos tomar como autêntica cognição, procede *como se* o único terreno sólido se limitasse ao espaço fugaz de um único momento de experiência, sendo tudo o mais tão duvidoso como o era o caso da existência do mundo exterior para um solipsista "clássico", cartesiano ou de tipo análogo.

Pode parecer que essa espécie de atitude metodológica impõe à filosofia constrições mais pesadas do que as do solipsismo tradicional, mas o que temos aqui é uma impressão derivada de nossa perspectiva habitual – a perspectiva que todos nós herdamos do cartesianismo. A ideia de que é filosoficamente admissível duvidar da existência do mundo que nos rodeia lançou fundas raízes em nossos costumes intelectuais, mas por outro lado é frequente encarar nosso *mundo interior* como uma espécie de *cogito* intocável, mesmo no caso daqueles que se consideram os mais anti-cartesianos. Mas o ceticismo metodológico do momento presente não nos conduz a *duvidar* da existência de coisa alguma, apenas procura examinar os *critérios* que podem permitir distinguir entre asserções merecedoras de um tipo especial de aceitação e aquelas que são apenas conjecturais, para em seguida investigar o vasto domínio da conjecturalidade, constituído por nada menos do que todas as asserções que podemos fazer, excetuando apenas aquela que se limita a afirmar algo como "neste momento sou um sujeito tendo uma experiência", para nesse domínio recolocar alguns dos problemas clássicos da filosofia, e talvez alguns outros relativamente novos.

É preciso que essa atitude metodológica, para adquirir consistência, leve muito a sério mesmo os aparentemente absurdos argumentos do solipsismo cético e radical. O desafio do ceticismo, aqui como em outras arenas, precisa ser enfrentado, e nesse caso a alternativa é clara: ou possuímos uma resposta nítida a esse desafio, isto é, somos capazes de apresentar ao menos um exemplo de uma outra asserção, além daquela relativa à experiência do momento e que até mesmo o cético precisa de aceitar, sob pena de se contradizer – e gostaria bem de saber que outro exemplo seria esse – ou não temos essa possibilidade e nesse caso devemos admitir que, até melhor argumento, só aquela asserção "privilegiada" pode ser considerada *supra-conjectural*, ou seja, dotada de uma força e evidência superiores às das asserções hipotéticas. Ou seja, só pode ser considerada supraconjectural uma asserção que seja admissível em termos tais que mesmo um autêntico cético radical, se existisse, seria incapaz de ter qualquer dúvida em relação a ela.

A cada instante, é simplesmente impossível duvidar coerentemente de que se está tendo uma experiência, ou um momento de consciência, tanto para mim que estou tendo essa experiência como para qualquer cético que possamos imaginar que neste momento me desafia, pretendendo, se ele usar a linguagem de Francisco Sanches, que "nada se sabe" (SANCHES, 1541). A resposta só pode ser que sei que estou tendo uma experiência, e o próprio desafio cético, cujo conteúdo é fundamentalmente a asserção de que posso sempre estar enganado em minhas asserções, implica inevitavelmente que estou de fato tendo uma experiência, porque o argumento cético é, precisamente, que posso estar enganado *acerca de uma experiência*, em meu juízo acerca dessa experiência – ou cairíamos no absurdo de admitir que alguém pode estar enganado acerca de algo que nem sequer existe.

Por outro lado, o desafio cético lança um outro importante pressuposto, que é o da *possibilidade da verdade*. Seria totalmente absurdo pretender que sempre me engano, pois isto seria exemplo de uma espécie de "dogmatismo negativo", e não um ceticismo, solipsista ou não. Mas aqui trata-se apenas de uma possibilidade, não de uma realidade objetiva que possa constituir o conteúdo de uma asserção. O exemplo seminal da supra-conjecturalidade continua sendo apenas a asserção da experiência do presente instante, da qual seria absurdo sequer supor que pudesse ser apenas uma conjectura.

Quando Popper apresenta sua tese de que todas as teorias possuem carácter conjectural, ele afirma explicitamente, não apenas que as teorias científicas são hipotéticas, mas também que "todo e qualquer conhecimento objetivo é objetivamente conjectural", num sentido amplo que abrange também todas "as nossas crenças subjetivas pessoais" (POPPER, 1972: 80). Sua "abordagem crítica" do problema do conhecimento em geral leva-o a insistir no "caráter conjectural e teórico de todas as nossas observações, e de todos os nossos enunciados observacionais". Mas no caso da lógica Popper abre uma exceção a sua ampla tese da conjecturalidade do conhecimento, evitando um "conjecturalismo" radical ao declarar que "todo o nosso conhecimento é impregnado de teoria e *quase* todo possui um carácter conjectural", sendo excetuadas apenas "as provas simples e válidas", independentes de qualquer subjetividade (*id.*: 79, 104). Veremos adiante que seria inadmissível tomar como apenas conjecturais alguns princípios lógicos. Mas a lógica, considerada em seu conjunto historicamente dado, só pode ser tomada como criação do sujeito, portanto partilha da conjecturalidade, precisamente, da concepção acerca de uma determinada *natureza* do sujeito – não da simples *existência* de um sujeito, a qual é condição de sentido e portanto supra-conjectural.

Na área da psicologia cognitiva, o tema do solipsismo do momento tem um importante desenvolvimento, a partir de Russel e Tolman, nos ensaios de Engelmann, onde a noção de "consciência imediata", a única passível de um conhecimento absoluto, é a de uma consciência do momento que corresponde a um espaço de tempo, no qual "diversas coisas ocorrem", acrescentando-se, para além do solipsismo, que "nas consciências inferidas dentre as outras pessoas" a duração do momento consciente pode ser medida, sendo denominada "presente psicológico" ou "agora" (p. ex. ENGELMANN, 1997: 27-8 e ss.).

No caso de Carnap, o solipsismo metodológico (CARNAP, 1928: 102 ss.) não é tão inteiramente fiel ao princípio de parcimônia como esse filósofo pretende, na medida em que assume explicitamente a corrente da experiência como "dada", e já vimos devido a que razões apenas a experiência de cada momento pode ser tomada como autenticamente dada. O resto é construído, portanto conjectural. E todo o sujeito para além do momento, ou seja, o sujeito da "corrente da experiência", também só pode ser assumido como uma construção.

Para ter realmente uma "base mais reduzida" (p. 101), obedecendo a um princípio de economia ou simplicidade mais coerente, é preciso adoptar um solipsismo metodológico (p. 102), mas um "solipsismo do momento" ou "solipsismo do instante presente" como o que já vimos na citada obra de Russell (RUSSELL, 1948: 196, 515), como um ponto de partida filosófico que pressuponha ou postule o menos possível, não necessariamente para investigar qualquer "construção do mundo" carnapiana, mas fundamentalmente para enfrentar o desafio do ceticismo.

Uma atitude parcimoniosa deve portanto partir de um solipsismo radical, tomando como efetivamente *dados* apenas o sujeito (de cuja natureza nada sabemos, apenas que "há sujeito") e a experiência do instante presente, para só depois disso opor a esse radicalismo uma filosofia da conjecturalidade. A corrente da experiência como conjunto não é dada, pois postular nem que seja apenas um momento anterior ao presente é postular também um princípio de ligação entre as experiências. O passado não é mais *dado* que o futuro, e mesmo no presente o que é dado é apenas que há um sujeito formulando um juízo sobre uma experiência, não que esse sujeito tenha tais ou tais qualidades, como a *chose qui pense* cartesiana. Tanto o passado como o sujeito, e não apenas o mundo exterior, são construídos e não podem ser tidos como "dados".

Em qualquer experiência presente – falar assim já deriva de uma construção, pois pressupõe uma pluralidade de experiências, e a cada momento só "esta" experiência é dada e não construída, mas é óbvio que para falar seja do que for são precisos diversos pressupostos e construções – em qualquer experiência presente, dizia, pode ser tido como dado tudo o que for pressuposto por qualquer crítica possível dessa experiência. Por mais cética e radical que seja essa crítica, ela só pode ter sentido se pressupuser alguma coisa acerca dessa mesma experiência da qual se constitui como crítica. Qualquer pretensão de que possa haver crítica da experiência que não pressuponha algo acerca dessa mesma experiência cai imediatamente no absurdo, pela manifesta impossibilidade de sequer começar a dizer no que uma tal crítica poderia consistir.

Assim, uma crítica daquela única experiência a que nos limitamos ao assumir o solipsismo metodológico do momento deverá pressupor acerca dessa mesma experiência, minimamente, quanto seja necessário para ter sentido como crítica. É natural que diferentes tipos de crítica postulem diferentes "mínimos deflacionistas" a respeito da experiência que é alvo de cada uma delas, mas talvez se possa sugerir que qualquer crítica dessa experiência única que lance dúvidas céticas acerca de seu valor epistémico terá sentido se e somente se pressupuser, nos termos do que temos vindo a discutir, pelo menos os seguintes itens – além da obviedade de que *há* essa experiência:

1. Que há um sujeito que "tem" essa experiência, e é dotado, pelo menos, da capacidade de tê-la – ou, o que é o mesmo, da capacidade de ser o sujeito dessa experiência.
2. Que a *verdade* de pelo menos um juízo desse sujeito acerca de sua experiência é algo *possível*, no sentido "redundante" ou deflacionista de verdade.
3. Que esse sujeito é capaz de captar nessa sua experiência aquele mínimo de inteligibilidade (em sentido semântico) que dá sentido à questão da verdade de seu juízo.
4. Que o conteúdo dessa experiência acerca do qual se põe aquela questão não pode ser o que é e ao mesmo tempo não sê-lo – ou seja, pelo menos uma forma simples e mínima de um princípio de não-contradição é indispensável para que haja sentido em qualquer crítica de qualquer experiência. Tal não implica, como já sugeríamos acima, qualquer convicção "popperiana" acerca da supra-conjecturalidade da lógica como um todo.
5. Por último, se for cética a inspiração da crítica da experiência em questão, devemos acrescentar, como já vimos, alguma forma do princípio de parcimônia – cuja adoção fica implícita no desafio cético às pretensões cognitivas do sujeito, pois tacitamente é exigido que o sujeito só considere cognição o que satisfaz determinados critérios, e nada mais. Mas esta quinta asserção é mais difícil de incluir no rasto de uma crítica dissociada da exigência radical do ceticismo.

Este pequeno grupo de asserções constitui um domínio que partilha da "supra-conjecturalidade" da asserção do solipsismo do momento, na medida em que esse conjunto é necessário para conferir uma inteligibilidade satisfatória à própria noção de experiência do momento apresentada por essa posição metodológica.. Tudo o mais é simplesmente conjectura, ou postulação; tudo o mais é hipotético, ou construído, portanto sujeito a dúvida, sem poder ser dito incorrigível ou evidente no mesmo sentido em que essas asserções devem ser consideradas como evidentes e incorrigíveis, imunes a qualquer dúvida cética.

Poderá esse pequeno grupo corresponder ao conteúdo daquilo que Thomas Nagel apresenta como uma concepção "austera" da razão, em seu recente *A Última Palavra*? Para esse filósofo, uma tal concepção abrangeria (NAGEL, 1997: 17 ss.) apenas alguns princípios lógicos "e pouco mais", situando-se no extremo oposto ao de concepções mais ricas da razão, que abrangem princípios morais, etc. Essa expressão talvez corresponda a nossa pequena lista composta por um princípio lógico, um princípio semântico, duas asserções sobre o sujeito e a verdade, e talvez um princípio de economia ou simplicidade. No entanto, esse conjunto de elementos dificilmente pode ser encarado como constitutivo de algo merecedor de ser chamado "razão" ou coisa equivalente, pois o conceito de uma razão só tem sentido se concebido como capacidade de um sujeito pleno – e nosso pequeno núcleo de "incorrigibilidades" é demasiado escasso para constituir propriamente o pleno conceito de um sujeito capaz de razão e de tudo o mais que tal acarreta. Este pequeno núcleo inclui o pressuposto de um sujeito minimalista, mas todas as "faculdades" deste sujeito, além da capacidade de ter a referida única experiência do momento a que nos restringe o solipsismo metodológico aqui adotado, são matéria de conjectura, ou seja, estão situadas fora do pequeno círculo daquilo que é lícito considerar inseparável de nosso sujeito mínimo.

Portanto, quem queira se opor às mais notórias posições anti-racionalistas de nosso tempo, sejam elas historicistas ou pós-modernas, terá de o fazer em estilo mais modesto do que o de Nagel, Cavell

(CAVELL, 1982: 229 ss.), Bonjour (BONJOUR, 1999: 9 ss.) e tantos outros, sem pretender dar "a última palavra" a quem quer que seja, nem sonhar com qualquer fundamentação cabal da "exigência da razão", e muito menos reivindicar direitos especiais para a "razão pura". Por outro lado, no sector mais "desconstrucionista" da opinião filosófica contemporânea, devem calar-se as vozes que costumam afirmar que tudo é relativo, ou que toda e qualquer asserção depende da perspectiva de que é feita, ou que tudo depende da "história". Se a crítica da experiência tem sempre como condições de sentido certas asserções, as aqui formuladas ou outras, não é lícito pretender que elas só possam ser admitidas "perpectivisticamente", ao mesmo tempo que deverá ser vedado fingir que elas podem dar a "última palavra" em nome da razão.

Recusados tanto o "pós-modernismo" relativista como o "neo-iluminismo" racionalista, numa época em que tampouco se pode sonhar com o regresso ao "fundacionismo" de outras eras, nosso núcleo de "verdades imunes" – imunes tanto ao ceticismo radical como a qualquer desconstrução historicista – pode desempenhar o papel, não de juiz derradeiro, mas de "fiel da balança" naquela escolha entre conjecturas por meio da qual, esperamos, se pode constituir nossa racionalidade. Se "o mundo é minha conjectura", como se tornou quase trivial dizer, também o sujeito, e não apenas o mundo exterior, deve ser questionado a partir do solipsismo metodológico do momento, reconhecidas como também conjecturais todas as imagens que dele possamos construir. O "realismo acerca do *cogito*" não merece mais ser preservado do que o realismo ingênuo acerca do mundo exterior.

Mas ficam vedados quaisquer "modos de fazer sujeitos", passíveis de algum paralelo com os "modos de fazer mundos" de Nelson Goodman (GOODMAN, 1978), que excluam de nossa construção o princípio de não-contradição e as outras asserções indicadas, além do próprio princípio de parcimônia, pois se elas são condições de sentido de qualquer crítica da experiência não podem também deixar de ser consideradas válidas para qualquer sujeito possível. A construção do sujeito segue a par com a do mundo, mas nenhuma construção de sujeito deve omitir os "princípios" supra-conjecturais indicados, como "regras" de seu atuar como sujeito, por sua vez, na construção de seus objetos.

Para ter sentido, a crítica da experiência precisa sempre assumir esses princípios e regras. Todos eles são compatíveis com a postura metodológica do solipsismo do momento presente. Mas não terá essa crítica de assumir também uma *ligação* entre essa experiência única sobre a qual se debruça e outras experiências do mesmo sujeito? A admissão de experiências de outros sujeitos violaria o solipsismo metodológico carnapiano, mas o mesmo não sucederia com a admissão de outras experiências do mesmo sujeito. O problema é que outras experiências do mesmo sujeito dificilmente seriam concebíveis como simultâneas daquela experiência momentânea que nossa atitude metodológica toma como alvo. Da perspectiva de Carnap este problema nem se colocaria, pois ao iniciar a elaboração de seu sistema ele toma as experiências "simplesmente como ocorrem", adotando em relação a tudo o mais uma "suspensão de juízo" declaradamente husserliana (p. 101).

Outras experiências deveriam portanto ser experiências anteriores do mesmo sujeito, e como vimos o testemunho da memória pode ser falso, tendo pleno sentido duvidar da veracidade de qualquer conteúdo mnemônico – em forte contraste com o momento presente, do qual seria destituído de sentido esboçar sequer qualquer dúvida de que tem como conteúdo uma experiência. Não há crítica possível da asserção de que estou tendo uma experiência – a qualquer momento em que possa pensá-lo – mas faz sentido supor a falsidade de tudo aquilo que tenho apenas na memória.

Uma solução aparentemente plausível seria lembrar que toda essa argumentação está sendo gerada por um sujeito, e que deixar de assumir a validade desse sujeito equivale a renunciar à validade da própria argumentação. Mas vejamos em que sentido e em que medida é legítimo assumir a validade do sujeito produtor dessa argumentação. Se o assumimos cartesianamente, como "coisa que pensa" a ser tomada como dada, estamos voltando ao solipsismo "maximalista" e ignorando a vantagem do solipsismo do momento em termos de economia e simplicidade. O sujeito dessa argumentação deve ser assumido como qualquer sujeito em geral, como uma construção conjectural em competição com outras, ao lado da hipótese do mundo exterior e quantas outras se quiser considerar.

Essa argumentação não pretende ser mais do que uma conjectura filosófica plausível, talvez capaz de substituir com vantagem algumas de suas competidoras, sim, mas não porque seja ela mesma evidente ou possuidora de qualquer virtude intelectual capaz de obrigar a uma aceitação geral. Como qualquer hipótese ou argumento em filosofia, essa conjectura apresenta seu caso, submetendo-se às contra-argumentações que vierem – e é claro que preparada para ripostar o que parecer adequado. Sua validade será obtida no debate crítico, não logo à partida por qualquer pretensa apoditicidade. O que é apenas coerente, pois um de seus pontos principais é que esta última virtude pertence apenas à escassa meia dúzia de asserções fundamentais que propõe. Cabe a outros argumentos tentar superá-la ou eliminá-la.

Desta perspectiva, o solipsismo metodológico serve apenas como uma "escada wittgensteiniana" – que enquanto tal se destina a ser jogada fora depois de utilizada – para nos aproximarmos da compreensão do sentido que é possível atribuir a cada momento consciente, para além da inevitável mas superficial evidência da verdade incorrigível de que nesse momento estamos tendo uma experiência consciente. Muitos desses momentos de consciência apresentam-se-nos como aquilo a que chamamos *observações*. Mas como afirmar que fazemos observações, se é sempre possível que o que nos aparece como tal seja outra coisa, uma ilusão ou um sonho? Um caminho possível é admitir que o caráter observacional desses atos conscientes é algo que conjecturamos e não algo que realmente sabemos, pelo menos não do mesmo modo que sabemos que estamos tendo uma experiência ou ato consciente, um momento ou instante de consciência. Aquilo de que temos consciência não pode deixar de ser uma experiência, num sentido muito amplo do termo, mas bem pode ser que nos enganemos ao julgar que ela é uma experiência *observacional*, ou de qualquer outra natureza específica.

Admitir a conjecturalidade da cognição é admitir que cada observação que julgamos fazer, ou mesmo cada percepção que supomos ter, é simplesmente uma tentativa de *explicação* da experiência desse instante. Também podemos dizer que é a reação a um estímulo, mas a noção de estímulo depende de uma teoria psicológica, e ainda não temos aqui o direito de tomar qualquer teoria psicológica, ou de outra natureza, como por exemplo uma teoria acerca da construção do sujeito empírico, enquanto distinto do sujeito epistêmico, como ponto de apoio para nossa argumentação. Quanto à noção de experiência, ela depende do argumento filosófico em que venho insistindo: a única asserção inquestionável é a da experiência do momento, logo o que estou tendo agora é indubitavelmente uma experiência, e dizer que ela é uma observação é uma maneira de *explicá-la*, de dar conta dela, de dizer por que e como estou tendo essa experiência.

Explicar uma experiência como observação desenha um horizonte realista, apontanto para coisas existentes das quais a observação na qual consiste esta experiência é uma observação. Mas o que é importante para o sujeito – e para sua sobrevivência – não são os conceitos das coisas, e sim as expectativas causais a respeito dessas coisas. Vários filósofos se preocuparam com qualidades primárias e secundárias, depois com o espaço e o tempo, etc. Mas o que é cognitivamente prioritário é poder predizer que o choque desta coisa comigo, que antes produziu em mim o efeito Y, vai voltar a fazê-lo em tais e tais circunstâncias, e não *poder* dizer se essa coisa é sólida ou azul, extensa ou duradoura. Estas qualidades são essenciais, mas são "auxiliares" da inferência causal, como "conteúdos das observações" que permitem identificar os agentes (e pacientes) causais que povoam o mundo natural.

Desde Hume que sabemos da impossibilidade de conferir a cada inferência causal qualquer certeza em sentido forte: podemos sempre afirmar o contrário de cada conclusão causal, sendo sempre impossível "tentar demonstrar sua falsidade" (HUME, 1748: 109 ss.). Para Quine, continuamos na mesma situação de incerteza causal em que Hume nos deixou (QUINE, 1969: 72). No entanto, renunciar a demonstrações de verdade não é renunciar a argumentos em favor da racionalidade das conclusões causais, se as encararmos em termos *gerais*. Se reconhecermos que o espaço da conjecturalidade pode ser fonte de racionalidade, podemos alegar que cada conclusão causal tomada isoladamente é sempre incerta, sendo possível a sua falsidade, mas que é inconcebível o "erro causal em massa", se assim lhe quisermos chamar. Se um elevado número das conclusões causais da humanidade fossem falsas a nossa espécie simplesmente não estaria mais aqui – o erro em massa produziria a extinção em massa. Nem é preciso desenvolver este argumento em termos de evolução darwiniana. Basta apontar que, se nos últimos tempos tivesse sido falsa a maior parte de nossas conclusões causais, e dado o grande número dessas conclusões que são indispensáveis a nossa sobrevivência, a humanidade teria desaparecido da face da terra. Como ainda estamos aqui, segue-se que o raciocínio causal, dado o número enorme de verdades que forçosamente descobriu, é confiável em seu conjunto, embora seja apenas conjectural, e assente em outras conjecturas, algumas das quais, no mínimo, esmagadoramente plausíveis – como aquela segundo a qual ainda existem homens à face da Terra...

Saltando para um outro plano, creio que é forçoso admitir também uma "construção social da realidade". Mas para esta ser possível tem de haver primeiro uma construção *individual* da ordem causal do mundo, que toma como blocos de construção outras construções que são os objetos observados. O "organismo cognitivo" tem experiências, que explica interpretando-as como observações de coisas reais, às vezes como conjunções de coisas reais, e a partir da repetição dessas conjunções forma expectativas acerca do reaparecimento de algumas conjunções. Às vezes esse reaparecimento é uma amostra da ordem causal do mundo, e a expectativa pela qual o predizemos às vezes tem valor de sobrevivência – e às vezes serve como peça na construção de conhecimentos mais complexos.

O próprio caráter empírico da experiência que agora tenho também está longe de ser dado no próprio ato perceptual. O que faço neste momento equivale a descartar tacitamente todas as hipóteses que poderiam opor-se à hipótese desse caráter empírico. Esta minha experiência pode consistir num sonho, numa alucinação ou em alguma coisa absolutamente desconhecida, portanto pode ser que ela não seja propriamente empírica, ao contrário do que indicam as aparências. Seu caráter empírico, de observação ou percepção propriamente dita, bem como seu caráter sensorial, é construído através de uma atividade interpretativa. Não apenas a observação é carregada de teoria, além disso também o é o "fato" de ela ser uma observação, ou mesmo o de ter um caráter sensorial. Numa observação nada é dado, nem mesmo *que* ela é uma observação. A própria sensorialidade também é uma construção.

Mas se o objeto que agora observo, ou suponho observar, e o próprio fato de que isto agora é uma observação, ou uma percepção sensorial, são apenas postulações, por que razões deverei parar aqui e ignorar que o próprio fato de que sou este *sujeito* cognoscente, dotado de capacidade observacional e outros poderes cognitivos, também só pode ser concebido como uma construção? Qualquer idéia de mim mesmo como sujeito não pode deixar de ser também carregada de teoria – seria ingenuidade supor que eu *me sou dado*, que o observador tem algum privilégio de imediatidade sobre o observado ou a própria observação. Tal como o objeto observado e a sensorialidade, o sujeito é derivado de nossas conjecturas, e seu conceito carregado de teoria e interpretação.

No entanto, é legítimo examinar a intuição cartesiana acerca do *cogito*, e perguntar se é possível tomar realmente *tudo* como teórico, interpretativo e conjectural. Haverá alternativa concebível para minha convicção de que neste instante sou o sujeito de uma experiência? Seria possível que essa idéia fosse falsa e apenas me fosse imposta por algum demônio cartesiano? Creio que conceber isso não está ao meu alcance: não é sequer concebível duvidar de que sou o sujeito de uma experiência no sentido geral, porque isso é o solo e a condição de qualquer problema epistemológico possível. Mas todo e qualquer conceito de um sujeito cognitivo vai muito além disto, e o conceito das capacidades cognitivas desse sujeito não faria sentido se essas capacidades se resumissem a gerar esta única experiência, a do momento presente – que nem sei se tem valor objetivo, nem se é sensorial, nem mesmo se é a apreensão autêntica de um momento da vida interior do sujeito. Já vimos que o único fato dado independentemente de teoria é que sou o sujeito dessa experiência do momento. Mas por um lado é paupérrimo o conceito correspondente a isto, e por outro esse "fato" não tem como servir de base a qualquer conhecimento supra-conjectural.

O termo "saber" admite dois usos principais, correspondendo o primeiro ao que às vezes se chama "conhecimento incorrigível", e se refere ao que sabemos para além de qualquer dúvida *possível*, e não apenas para além de qualquer dúvida razoável, e ao segundo o conjunto daquelas conjecturas, científicas, filosóficas ou de senso comum, que se expressam em asserções de irresistível poder explicativo de nossa experiência em geral, embora não cheguem a poder ser consideradas condições de sentido dessa experiência.

Nem mesmo o conhecimento do próprio sujeito, para além da trivialidade de que é impossível deixar de admitir esse sujeito como entidade para a qual faz sentido que haja uma experiência neste instante, pode ser considerado um exemplo de conhecimento incorrigível. Tudo o que vai além desse saber trivial é *teoria do sujeito* – sujeito lógico ou transcendental, sujeito fenomenológico ou biológico, tudo são construções, com enormes diferenças entre si mas partilhando a mesma conjecturalidade e carga teórica, a mesma impossibilidade de ser considerada como algo dado, ou como algum tipo de saber incorrigível ou indubitável em sentido metafísico. Nada do que nele possamos pretender encontrar pode servir de fundamento, pois depende sempre de uma *interpretação*, ou de uma *postulação*. – ou de uma *conjectura*.

Qualquer filosofia que pretenda empreender a tarefa de *fundamentar* uma determinada concepção do sujeito, ou da própria consciência, para além do fugidio instante de existência evidente em que temos vindo a insistir, depressa se verá colocada perante a impossibilidade dessa pretensão. Seria exagerado afirmar que todo o saber se limita ao domínio supra-conjectural. Talvez só no interior deste tenhamos algo que possa ser designado como "saber evidente", ou expressão equivalente. Mas para além deste campo restrito é legítimo falar de um outro saber, sempre falível e sujeito a correção, um saber conjectural ou cognição teórica, constituído por asserções que jamais possuem fundamentos definitivos ou qualquer certeza evidente, mas que constituem o maior território de racionalidade que somos capazes de constituir, em nossos esforços para criar teorias plausíveis, para inventar as melhores explicações possíveis das experiências com que vamos nos deparando.

O território da conjecturalidade abrange tudo o que importa, para além de alguns pontos de abstrata metafísica. Do senso comum à ciência, passando pela maior parte da filosofia, é por aqui que nossas capacidades cognitivas podem ir se movimentando, procurando sempre escolher a melhor explicação mas sem pretender que qualquer uma delas seja definitiva. Só no espaço conjectural podemos deixar nitidamente para trás os "espectros" do solipsismo e do ceticismo, na medida mesma em que soubemos reconhecer que eles eram mais do que espectros, por haver bons argumentos de seu lado, embora no final devêssemos concluir por sua insuficiência filosófica.

Quanto à própria consciência, onde encontramos o primeiro momento da supra-conjecturalidade, cabe também discutir que teoria devemos preferir, como capaz de dar conta, não apenas do momento presente, mas também do sujeito que tomamos como sujeitodessa experiência, assim como da natureza da consciência como algo duradouro, muito para além desse instante – como tentativa de melhor explicação, precisamente, do domínio supra-conjectural. É dentro desses limites que deve ser tomado o argumento do capítulo seguinte: como uma conjectura explicativa destinada a ser confrontada com outras teorias, em seu esforço para apresentar a melhor explicação possível daquilo que nos aparece como o "fenômeno" da consciência.

2. Consciência

I

PARA O PENSAMENTO comum, o pensamento pré-filosófico, a existência dos corpos do mundo exterior, juntamente com a existência de nossos próprios corpos, constitui uma evidência primeira e absoluta. Percorrendo seu campo visual, o homem comum sente a presença dos corpos físicos – essa árvore, essa mesa, esse chão, e também esses braços e essas pernas que são os seus.

A visão oferece-lhe estas presenças como evidentes, e pelo tato pode confirmar algumas delas. Os outros sentidos são fontes menores de fé realista, mas também participam, embora com uma contribuição menor. No processo de apreensão perceptual não é estabelecida distinção entre o corpo próprio e os outros corpos: o homem comum encontra em seus campos visual e táctil partes de seu corpo em meio aos outros corpos, e no espelho ou na água do rio tem acesso ao restante, além de poder tatear o que não vê.

A filosofia moderna veio tornar problemática essa existência dos corpos que o senso comum, seguido por importantes setores da filosofia antiga, medieval e renascentista, tratava como imediatamente evidente. Desde a dúvida metódica cartesiana, a convicção de que existem corpos é considerada resultante de uma operação de construção: construção por uma razão garantida pela divindade, construção a partir das percepções, ou a partir de uma subjetividade transcendental, ou a partir dos dados dos sentidos.

Desta perspectiva, o corpo próprio não aparece como privilegiado em relação aos outros corpos: constata-se como que uma tácita unanimidade quanto à origem inferencial da convicção do homem comum de que seu próprio corpo existe, no mesmo plano que a crença geral na existência dos corpos do mundo exterior.

É levando mais longe essa mesma linha que a filosofia mais recente pode situar no mesmo plano a suposição da existência dos corpos e a da existência das entidades teóricas e invisíveis postuladas pela ciência. Para Quine (QUINE, 1979: 250), se possuímos provas da existência dos corpos do senso comum, é apenas da mesma maneira que se pode dizer que dispomos de provas da existência das moléculas. Todas as suposições acerca dos corpos físicos possuem um iniludível caráter inferencial, e podem até mesmo ser consideradas "teorias", num sentido não técnico deste termo. Nenhuma exceção se abre para o caso do corpo próprio. O termo "corpo" é usado no sentido de "objeto físico" em geral, sem que se estabeleça qualquer distinção entre minha convicção de que tenho um corpo e minha convicção de que existem outros objetos físicos. Não é sustentado diretamente, mas fica implícito, que a existência do corpo próprio também só pode ser afirmada dentro do quadro de uma "teoria".

Em contraste com isso, a filosofia de Bergson, situada no tempo entre o cartesianismo e o atual "inferencialismo", reivindicava para o conhecimento do corpo próprio um privilégio: ele é apreendido "por dentro", e não apenas por percepções exteriores. Logo no início de *Matéria e Memória*, em 1896, vemos o sujeito bergsoniano constatando a presença de diversas "imagens", e entre elas, diz-nos o filósofo francês, "uma que domina todas as outras no fato de eu não conhecê-la apenas do exterior através de percepções, mas também por dentro através de afecções: é o meu corpo" (Bergson 1925: 1).

Assim, seja o que for que se decida acerca dessa outra suposta, mas duvidosa apreensão imediata que é a da mente ou espírito, haveria uma apreensão direta e imediata do corpo próprio, a apreensão de que tenho ou de que sou este corpo que diretamente sinto sofrer estas afeções que imediatamente apreendo em mim. Não seria apenas através dos sentidos exteriores que eu adquiriria o simples conhecimento de que tenho um corpo, seria também por uma apreensão interna diferente daquela outra apreensão de que sou capaz, também considerada interna, a de meus "atos de consciência". A apreensão imediata do corpo próprio não pode ser confundida com esta última: o primeiro exemplo desta pode até mesmo ser a apreensão de que sei que tenho um corpo, e isto é já exemplo de apreensão de uma apreensão, não de uma simples apreensão direta. Dessa perspectiva surge como uma boa conjectura que a apreensão do corpo não apenas existe, como conhecimento imediato e direto, mas que além disso ela é também *de jure* anterior à apreensão da consciência.

Bergson recoloca assim o problema da experiência direta do corpo próprio, situando aquilo que também se chama "propriocepção" no centro da epistemologia, ou teoria do conhecimento. E aceitar essa recolocação equivale a lançar dúvidas sobre a validade dessa convicção, que é a de tantos filósofos, de que "só há experiência direta de nossa própria mente", e essa dúvida pode talvez desenvolver-se em termos tais que podem acabar por comprometer a própria noção de mente, a do chamado "espírito".

II

Mas o que é a propriocepção? Nos dicionários, um "proprioceptor" é um receptor sensorial que é estimulado pela atividade própria do organismo. Mas "propriocepção" não figura nos mesmos dicionários, num curioso paradoxo: é consagrado um termo referente a entidades teóricas de existência problemática, pois só pode admitir-se que há proprioceptores no quadro de uma complexa teoria psicofisiológica, mas a simples propriocepção, como apreensão do próprio corpo ou organismo em geral, deixa de ser incluída.

A propriocepção é também um fenômeno de consciência: apreender a presença de qualquer parte de nosso corpo, ou a existência do movimento de qualquer delas, é tomar consciência de que elas e seus movimentos existem e estão presentes em nós. Até certo ponto é como apreender de repente a presença diante de nós de um objeto de cuja existência nesse lugar não havíamos tomado consciência: a atenção dirige-se, num dado momento, para esse objeto, e surge a tomada de consciência. Essa analogia só é válida até certo ponto, porque a apreensão de um objeto do mundo exterior pela visão, ou pelo tato, é "indireta", diz-nos a filosofia pelo menos desde o século XVII, enquanto que da apreensão de nosso próprio corpo e de seus movimentos a filosofia nada diz de equivalente. Talvez porque tal seria impossível; talvez porque a propriocepção seja tão direta como parece ser, ao contrário da percepção exterior. Talvez essa forma de auto-conhecimento seja, no interior do conhecimento conjectural, uma forma relativamente privilegiada.

A propriocepção é claramente distinta da introspecção: esta tem início com uma tomada de consciência da própria consciência, e a propriocepção é tomada de consciência de realidades e fenômenos corporais. Ambas são aspectos do mistério da consciência, em sua irredutibilidade ao corporal, ou seja o que for de material – embora permaneça aberto o campo das conjecturas acerca das *causas* dos fenômenos conscientes. São duas formas de auto-cognição, a primeira como disposição para apreender conscientemente estados corporais e a segunda como disposição para apreender conscientemente os próprios atos de apreensão consciente – os quais naturalmente devem ser concebidos como outros tantos estados corporais, por sua vez apreensíveis conscientemente. Uma sucessão que obviamente na prática não prossegue *in infinitum* – questão esta cuja face especulativa se encontra fora do escopo deste livro.

Uma objeção talvez relevante a este último argumento poderia ser que, nesse segundo caso, a apreensão é de atos, não de estados. Falar de estados de consciência talvez seja uma metáfora perigosa: há aqui uma analogia inconsciente com o corpo e seus estados, num processo em que a consciência é objeto de uma "hipóstase". Ela é tomada como uma coisa, uma substância, quando o que podemos afirmar é apenas o que a introspecção nos revela: que realizamos atos de apreensão consciente, não que "temos uma consciência". Podemos conjecturar com segurança que realizamos atos de apreensão consciente, e que estes tornam manifesto que somos detentores de uma disposição ou capacidade para nos tornarmos "conscientes de" certas realidades: a realidade de nosso corpo e de seus movimentos, e também a realidade da existência de nossos atos de apreensão consciente. Mas esta disposição só é manifesta enquanto capacidade nossa, como organismos. É bem possível que ela seja mais do que isso – mas para afirmá-lo precisaríamos de uma teoria de que ainda não dispomos.

A primeira necessidade de um organismo, enquanto ser perecível, é receber informação acerca de seu próprio estado, para poder controlar esse estado por forma a preservar-se, e à sua espécie – pela nutrição, a defesa e a reprodução. A recepção da informação acerca do mundo exterior, por sua vez, é a continuação do processo de recepção da informação acerca do próprio organismo, e enquanto informação direta continua sempre sendo informação acerca do próprio organismo. Toda e qualquer percepção é o término de uma "seqüência causal" derivada de um evento ou processo na história do objeto percebido. Tais percepções são indiretamente informações acerca dos objetos que são suas causas, mas são informações diretas acerca dos estados "perceptuais" do organismo.

As percepções são estados do organismo causadas por objetos e fenômenos exteriores, do mesmo modo como as sensações proprioceptivas são causadas por processos e fenômenos do organismo – ou pelo menos é esta a melhor conjectura explicativa de que dispomos nesse domínio. Os fenômenos do mundo lá fora estimulam os órgãos sensoriais, tal como os fenômenos internos do organismo estimulam os proprioceptores. Para discutir questões como a do "realismo representativo", será útil comparar esses dois casos. E perguntar em que sentido se pode dizer que as proprioceptões "representam" os estados corporais que as causam.

Talvez uma hipótese provisória, que depois também poderá ser aplicada às percepções, seja que simplesmente algumas proprioceptões representam estados do organismo, e outras lhes correspondem de uma maneira que seria difícil classificar nesses mesmos termos. Quando por exemplo um músculo de um de nossos braços ou pernas se descontrai após um esforço intenso, sentimos quase que "espacialmente" o bem estar estender-se por uma parte do braço ou perna, e a sensação parece efetivamente representar, em cada um de seus momentos, cada um dos momentos do fenômeno que podemos conjecturar que está realmente ocorrendo em nosso corpo nessa ocasião. Em outros casos, quando por exemplo temos uma sensação de dor ou de enjôo, não parece fazer sentido que essas proprioceptões sejam representacionais – mas faz sentido continuar dizendo que elas são informativas.

Podemos assim falar, no domínio proprioceptivo, de informação não representacional. A dor e o enjôo não são "miméticas", não imitam ou representam o estado organísmico ao qual de qualquer modo correspondem causalmente. Desta perspectiva, que podemos então dizer da relação entre o corpo e a consciência?

III

À luz destas considerações, podemos talvez sugerir que a melhor conjectura acerca da natureza da consciência (obviamente excluído aqui o sentido moral do termo) é aquela que a toma como uma disposição do corpo, ou do organismo, tese com diversos defensores como, entre outros, (SEARLE, 1992, cap. 4) e (DAMÁSIO, 1999, citado mais adiante). Primeiro tenho consciência, ou suponho ter, de que tenho um corpo, e só depois posso refletir sobre essa aparente consciência de que tenho um corpo, e sobre outros atos de consciência "de" objetos que não são a consciência, de modo a chegar a uma "consciência da consciência". Mas não faz sentido postular qualquer *cogito* originário. A expressão que podemos admitir não é "eu, esta alma, tenho consciência de que penso", e sim "eu, este organismo, tenho consciência de que tenho este corpo e também de que penso".

Portanto não há mais lugar para qualquer dúvida, cética ou metódica, quanto aos corpos em geral, em termos da velha crença de que tudo o que diretamente sabemos é que há espírito, e a existência dos corpos é apenas a conclusão de uma inferência. Deste corpo que é o meu sei imediatamente que existe, numa apreensão direta que não depende dos sentidos, embora possa ser confirmada, ou às vezes desmentida, por estes últimos. A visão, por exemplo, pode revelar ao amputado que ele não tem mais a perna cuja presença ilusoriamente sente, mas nada me pode dizer que não tenho corpo algum. O solipsista ou o cético podem, é claro, pôr isso e muito mais em dúvida. Mas, como dizia Bertrand Russell, o que eles têm para oferecer-nos são apenas hipóteses, e nós temos concepções que, embora também conjecturais, têm uma plausibilidade muito superior às suas (RUSSELL, 1948: 196-7).

Quando me convenço de que há outros corpos, essa não é uma crença construída a partir do zero, mas alguma coisa que se veio acrescentar à convicção de que tenho um corpo. Para David Hume, a existência de um mundo de corpos exteriores era uma condição de sentido (HUME, 1739: 125). Mas esta é mais uma prova de que Hume era um cético muito moderado, como ele próprio reconhece, porque para cada um de nós, como homens de senso comum que todos somos quando não estamos entregues à reflexão filosófica ou científica, a existência de nosso corpo aparece, se não como uma condição de sentido, apreendida diretamente, ou conhecida imediatamente – noção que só poderia derivar, precisamente, de algum tipo de reflexão filosófica – pelo menos como uma conjectura dominadora, uma hipótese dotada de uma força muito superior à maior parte das outras, seja na vida comum ou nas teorias científicas.

O que para muitos filósofos é hoje duvidoso é que além do organismo exista também um "espírito", em qualquer sentido que vá mais longe do que o de "consciência da consciência". Ao corpo e seus mistérios se vem acrescentar apenas mais um mistério, talvez o maior de todos mas que não é lícito fazer ainda maior do que é ou tomar pelo que não é: o mistério da consciência. O fenômeno da consciência se nos apresenta como irredutível ao pouco que sabemos acerca da materialidade do organismo, e por isso é um mistério ainda mais especial do que os outros. Mas o que se nos apresenta são apenas atos da consciência, não uma consciência permanente e identificável como uma entidade, passível de ser situada ao lado (ou "dentro") do corpo.

Tanto quanto saibamos – é a melhor conjectura de que dispomos – somos corpo e somos também capazes de atos de consciência, de apreensão. Falar de consciência é o mesmo que falar de apreensão: seja como conjunto de atos de um certo tipo, seja como disposição ou capacidade para realizar esses atos. Falar de alguma coisa mais do que do organismo e de sua misteriosa capacidade de apreensão consciente é multiplicar as causas, as faculdades e as entidades muito além do necessário. A regra occamiana da parcimônia desaconselha que postulemos também a existência de uma mente ou espírito, além do que temos e deve nos bastar: o corpo e a sua consciência.

Não só devemos evitar o ridículo apontado por Nietzsche em *Para além de Bem e Mal*, de "andar batendo as moitas à procura de faculdades" (NIETZSCHE, 1883, § 11: 208), devemos também evitar a invenção de objetos supérfluos como os *sense data*, a serem denunciados como parte do que Wilfrid Sellars chamou "o mito do dado" (SELLARS, 1963: 140 ss.). Basta o organismo ou corpo, e sua capacidade ou disposição para apreender de forma consciente seus próprios estados.

Mas será suficiente esse conceito unitário e parcimonioso da consciência, como uma única capacidade caracterizada apenas pela auto-apreensão do corpo? Esta conjectura claramente entra em conflito com outras, como por exemplo a de David Chalmers, que sobretudo na última dezena de anos adquiriu uma espécie de hegemonia entre os filósofos da consciência (CHALMERS, 1996: 11 ss.). Mantendo a consciência estritamente dentro da ordem natural, Chalmers propõe uma distinção fundamental entre dois aspectos, ou talvez dois conceitos da consciência: o que chama "fenomenológico" e o que chama "psicológico". Nesta última acepção, estar consciente é equivalente a estar *ciente* (*aware*), ter acesso a informações relevantes para nossa conduta. Na primeira acepção, a consciência gera estados fenomenológicos "de primeira pessoa", como por exemplo estar vendo uma coisa azul, o que é muito mais e ao mesmo tempo muito menos (pelo menos em minha leitura de Chalmers) do que receber a informação de que um dado objeto é azul.

É muito mais porque, além de saber que um objeto de minha percepção é azul, eu também sei *como é* ver algo azul, ou seja, tenho conhecimento de primeira pessoa do que é ter essa experiência. A isso Chalmers poderia ter contraposto que também posso ter uma sensação visual passível de ser descrita, nos termos dos velhos positivistas, como "azul agora" (se por exemplo eu vir de repente apenas um clarão azul) sem ao mesmo tempo receber qualquer informação sobre o objeto percepcionado, sobre o que significa ele ser azul, ou sobre outros aspectos do mundo de que eu me possa tornar ciente.

Chalmers e outros pensam que o *problema difícil (hard)* da consciência consiste em compreender como nossos mecanismos neurocognitivos são capazes de produzir os estados fenomenológicos da consciência, como ver um peixe prateado, ouvir um sino ou cheirar um perfume de rosas – em contraste com o que consideram um problema mais fácil, opinião que aqui me abstenho de discutir: compreender como aqueles mesmos mecanismos são capazes de nos fornecer a informação de que precisamos para sobreviver no mundo que habitamos.

Uma conjectura talvez capaz de evitar pelo menos parte do "problema difícil" é que a apreensão de nossos próprios estados organísmicos, por uma capacidade inata aqui chamada consciência – sem de modo algum pretender que este seja o único sentido viável desse último termo – é uma disposição que surgiu na nossa e em outras espécies no decorrer da evolução, e que a seleção natural que governa a evolução preservou, devido a sua eficácia como instrumento de sobrevivência, a formação de estados fenomenológicos de cada vez que ocorre um daqueles atos de apreensão. Ou seja, se me for permitida uma linguagem levemente antropomórfica, a natureza "escolheu" essa forma de funcionamento da consciência como veículo adequado àquela mesma recepção de informações que Chalmers considera ser uma outra forma de consciência.

Por quê a natureza fez essa escolha, em vez de outra qualquer, é tão misterioso – mas não mais misterioso – como por quê ela "escolheu" a vida, e não outra forma qualquer, que nem de longe podemos imaginar, de ir além do plano físico-químico ao qual se resumia a realidade natural antes de surgirem os primeiros eucariotes.

Como – indo além do simples "por quê" – nossos dispositivos inatos levam a que nos apareça uma experiência fenomenológica – e não, por exemplo, uma informação "nua" como a que supomos ser aquela recebida por um computador – é sem dúvida outro mistério atualmente insondável, mas para lhe chamar um "problema" da consciência, sem cuja solução não poderíamos avançar nem mais um passo, seria preciso um argumento mostrando por quê não há um problema equivalente a respeito do surgimento da vida tal como a conhecemos, ou imaginamos conhecer. Como não me consta que alguém faça esse tipo de exigência à teoria biológica em geral, não encontro razões para aceitar que se lance uma exigência desse tipo à teoria da consciência, a propósito do caráter fenomenológico e de primeira pessoa de nossa experiência consciente.

Creio ser plausível a conjectura de que, não só a consciência em geral, mas também algumas das formas particulares de que ela se reveste – algumas, porque outras podem ser meramente derivadas do acaso – como o estar ciente e a fenomenologia, existem na natureza pelas razões acima sugeridas: como resultados da evolução por seleção natural.

Creio que a conjectura mais parcimoniosa e plausível acerca da consciência é que ela é uma só e a mesma disposição do organismo, quando se lhe apresenta a "fenomenologia" das dores, enjôos e outros estados internos e quando se lhe apresenta a fenomenologia das cores, sons e perfumes gerada pela percepção, um processo onde a consciência capta estados dos órgãos dos sentidos ou receptores, como imagens retinianas, vibrações do tímpano, ou estados das papilas gustativas. Em ambos os casos é através do mesmo "instrumento fenomenológico" que o sujeito recebe a informação que necessita para sobreviver – e por isso as espécies que sobreviveram ao longo da evolução por seleção natural foram as possuidoras dessa capacidade.

É ainda a mesma capacidade que permite ao sujeito captar estados neurocerebrais, como os que chamamos "pensamentos", que tanto se podem processar em nível inconsciente como constituírem o que normalmente se chama "pensamento consciente". Seria preciso apresentar argumento mais convincente do que simplesmente que os raciocínios, por exemplo, "aparecem" à consciência como algo radicalmente diferente das dores e das cores, para pretender que "a mente consciente" (frase título de Chalmers) é o verdadeiro agente produtor de nossa "vida intelectual". Parece-me mais simples e plausível reconhecer que temos uma vida neuro-cerebral complexa, com processos de associação, de relacionamento, de raciocínio, de imaginação e de sonho inicialmente formados independentemente de qualquer apreensão consciente, que no fundo são também estados organísmicos e que também, como os outros estados com a mesma origem, são freqüentemente apreendidos pela consciência. Esta apreensão por sua vez imprime ao pensamento diversas direções conscientes, tornando muito mais ricos e ao mesmo tempo mais controláveis processos neuro-cerebrais embrionariamente "já presentes". Se quisermos falar de mente consciente, aceitando a redundância que tal implica, que ao menos seja apenas entendendo-a como resultado da apreensão de sequências neuro-cerebrais, não como mágica capacidade de produzir autonomamente o pensamento.

Certamente seria inconcebível que o raciocínio, ou qualquer outra atividade digna de ser chamada pensamento, tivesse *início* de outro modo que não fosse a partir da consciência. Voltemo-nos ao menos uma vez, afinal, para o sujeito empírico, tentando construir a hipótese mais plausível para explicar, claro que sem qualquer pretensão científica, a relação entre os processos neuro-cerebrais, que tudo indica virem psicologicamente primeiro, e a consciência como apreensão desses processos, ao lado de muitos outros. Tudo indica que há processos neuro-cerebrais, encadeamentos aos quais chamamos pensamentos a partir do momento em que tomamos consciência deles, desde o nascimento do ser humano, e muitos outros – se não mesmo na vida intra-uterina. Mas o que reconhecemos como raciocínio só pode ter surgido a partir da tomada de consciência de processos neuro-cerebrais mais primitivos, e portanto obviamente não teria qualquer plausibilidade a conjectura de um pensamento *sem consciência*. Daí não deriva, contudo, qualquer legitimidade para a demasiado comum convicção de que o pensamento é, por natureza e desde início, da ordem da consciência – e não da ordem do corpo, como aqui procuramos mostrar ser mais plausível.

O que Chalmers chama "mente consciente" seria talvez melhor descrito como apreensão de estados organísmicos já "trabalhados" conscientemente, como é o caso das inferências e raciocínios, mas estes últimos são novos encadeamentos neuro-cerebrais, episódios da vida do organismo a igual título que as estruturas mais elementares, que muitos com razão situam numa "ordem mais elevada", mas sem nunca poderem ter razões para situá-los em outro espaço que não o do corpo.

IV

A rigor, só podemos dizer que apreendemos diretamente o corpo próprio. O mundo além de nossa pele fica lá fora, inacessível. O que sabemos de forma imediata é que um dedo se moveu, que há uma lassidão nos membros e, às vezes, que nosso coração está palpitando. É o "sentir transitivo": sentir o movimento, ou o cansaço. Um "sentir" que já é uma metáfora: dizer "sinto que ela me ama" é abuso de expressão (se não for, às vezes, abuso de esperança...). Aquele sentir que é um saber é a apreensão dos estados do corpo. O resto só vem depois.

O resto que vem depois é o mundo e também, para muitos, o chamado "espírito". Mas de qualquer modo o espírito só poderia ser, primeiro, a consciência dos estados do corpo. E alguns destes estados apontam para o mundo, porque são estados de órgãos "especializados" em aspectos desse mundo em que vivemos e onde se decide nossa sobrevivência.

Ter percepções também é sentir transitivo: apreender uma rugosidade, uma cor, um perfume; mas em cada sentir o que é diretamente apreendido é um estado do órgão respectivo. Os estados organísmicos que são estados dos órgãos dos sentidos "ocultam" o que são ao se nos apresentarem como estados do mundo, quando são apenas efeitos desses estados. Os estados de outras partes do organismo apresentam-se como o que são, estados do corpo *simpliciter*.

Uma concepção próxima a esta é apresentada com peculiar força de convicção, por sua fundamentação científica e pelo rigor da argumentação, por António Damásio (DAMÁSIO, 1999: 20-30). Para este cientista-filósofo, a consciência é apreensão de estados do corpo e de objetos do mundo exterior (p. 30); mas estes últimos aparecem como estados dos córtices cerebrais (p. 20) – portanto também como estados organísmicos, o que já aponta para a hipótese generalizada de que toda e qualquer forma de consciência constitui uma apreensão de estados corporais, além de que, como vimos, esta concepção da consciência dispensa qualquer conceito de mente ou espírito – conjectura que é de minha exclusiva responsabilidade e Damásio, por exemplo, não partilha.

Uma análise atenta do problema das relações entre corpo e consciência revela que perceber é perceber-se – não como apreensão de "existentes mentais", mas como apreensão ou consciência de estados do corpo próprio. O chamado "mental" é o próprio apreender, a própria consciência: aquém do momento da consciência tudo é material, ou físico em sentido geral. Se a consciência não é material, é apenas porque é isso mesmo, consciência, ato de apreensão de uma materialidade. E o espírito consolida-se como espírito nos atos reflexionantes em que apreende as apreensões, como consciência da consciência. Esta reflexão ou consciência de si deve ser entendida como um efeito dos estados "gravados" no organismo, no sistema neurocerebral, por anteriores apreensões de outros estados do corpo – mas não precisamos nos deter agora nesse tópico.

Em sua espontaneidade primeira, o sujeito não tem consciência do caráter físico das sensações que são apreendidas em seus atos de percepção, porque regra geral não as sente no corpo – embora às vezes possa sentir nos olhos a dor de um sol escaldante. Deixando de lado essas situações excepcionais, as sensações não são sentidas como eventos organísmicos, e por isso o senso comum supõe que as "imagens" que lhe vêm dos sentidos são as próprias coisas reais do mundo exterior. O termo "sensação" é, afinal de contas, um termo teórico, surgido na linguagem pela intermediação do pensar, pois para tal não bastava o sentir. A sensação não é mais diretamente apreendida ou sentida do que a coisa material: o que é sentido é apenas o estado corporal derivado da estimulação de um órgão sensorial, e a sensação precisa primeiro ser "inventada" para depois ser pensada.

Bem pensada, ela é apenas estado de corpo num órgão sensorial. Mental é somente sua apreensão, como toda e qualquer apreensão ou consciência, ou ato do chamado espírito, se quisermos. Na reflexão, encontramos uma representação mental, mas esta é o "fóssil" ou resíduo do ato perceptual de apreensão. A consciência dos simples estados corporais, ocorridos fora dos órgãos sensoriais, também aparece ao sujeito como mental, mas com sua verdadeira face de representação e expressão de um estado do corpo. O senso comum e muitas filosofias convergem no reconhecimento da correção desse aparecer, identificando o representado como estado corporal. Mas a reflexão sobre a percepção leva ao divórcio entre o senso comum e as filosofias que identificam o representado como objeto material, no primeiro caso, e no segundo como *sensum* – impressão, sensação ou dado sensível. Há engano nos dois casos, pois o representado imediato e direto não é coisa exterior nem existente mental, mas apenas um estado do organismo.

A consciência é sempre apreensão do próprio corpo, enquanto apreensão imediata e direta de estados organísmicos – deixando aqui de lado a questão de saber se há também uma consciência da pura presença do corpo próprio. Num dos modos dessa apreensão procura-se garantir a sobrevivência pela regular prospeção do estado em que se está, de saúde ou doença, de perigo ou segurança: é a consciência direta dos estados "puros" ou não sensoriais de nosso corpo. Outro modo de consciência do corpo é a percepção, como vimos, enquanto apreensão dos estados em que se encontram os órgãos e aparelhos sensoriais que integram nosso sistema cognitivo. Através do primeiro recebemos informação relevante acerca de nosso organismo, e pelo segundo recebemos informação não menos relevante acerca do resto do mundo, em sua relação com nossos problemas de sobrevivência em seu seio. Demoraram milhões de anos de evolução para consolidar esta relativamente eficaz máquina de sobrevivência. Demorou bastante menos tempo, já no interior da história, para gerar o mito da apreensão imediata do mental, produto híbrido dessa nossa situação biocognitiva no mundo e de algumas ilusões filosóficas – sendo que destas últimas já vai sendo tempo que nos libertemos.

V

Corpo e consciência são duas faces inseparáveis da mesma moeda: só tem sentido a asserção de que somos corpo no mesmo movimento em que reconhecemos a realidade da consciência através da qual apreendemos que temos um corpo, e só tem sentido a asserção de que somos capazes de consciência se ela quiser dizer, com toda a clareza, que essa consciência é apenas uma capacidade ou disposição deste organismo que somos. Uma só evidência – ou a melhor teoria ou conjectura de que dispomos – pode servir de ponto de partida para uma investigação da condição humana sob qualquer de seus aspectos. É isto que podemos considerar estabelecido como a melhor explicação de nossa experiência – e não que além de um corpo dotado de consciência possuímos também uma mente ou espírito ao qual aquele corpo "pertenceria".

Para muitos filósofos, a existência da consciência prova que temos um espírito. Para outros, num polo oposto, há apenas a ilusão de que temos uma consciência, conceito que um dia será abandonado, tal como no século XIX o foi o conceito de flogisto, ou o antigo calórico. Em parte o que temos aqui é uma questão semântica, a examinar com todo o cuidado, sem com isso pretender remeter para o domínio da semântica as principais questões filosóficas. Não considero a questão da existência do corpo e da consciência uma questão puramente semântica, porque nesse caso nossa decisão filosófica e nosso compromisso ontológico não dependem dos termos usados, que poderiam ser outros sem que se alterasse o essencial.

O que sabemos da consciência é de início simplesmente que ela é uma capacidade que temos para realizar certos atos fundamentais de apreensão. Apreensão de quê? Bem, de "objetos", mas este é apenas um termo cômodo exigido pela gramática do verbo "apreender", pois quem apreende, apreende alguma coisa, e sabemos que definir a consciência como disposição para apreender "coisas" seria demasiado vago e impreciso, e por isso falamos de objetos. Também podemos falar de fenômenos, que são os objetos apreendidos pela consciência – o que talvez mereça a suspeita de circularidade. Devemos, creio, aceitar essa fatalidade que é a nossa, de pensar e investigar usando palavras, sem excessiva angústia face a esse destino. E que discutamos o que realmente é problemático: se o fato de pela consciência apreendermos objetos ou fenômenos pode servir de prova de que dentro de nós há um espírito, ou "um fantasma na máquina".

Podemos discutir se a apreensão da presença e dos movimentos de nosso corpo, ou o conhecimento direto que temos, por exemplo, de possuir a mão direita, sem necessitar de qualquer recurso à percepção visual ou táctil (fatos de que temos consciência imediata), são de molde a exigir, ou a justificar, que tais atos nos obrigam a afirmar a existência de alguma coisa, como parte da natureza própria de nossa espécie, a mais do que um organismo dotado de consciência. Sem dúvida que um resultado de tais atos é a possibilidade que adquirimos de pensar sobre esse corpo, sobre esses movimentos e sobre a própria consciência, de maneira a justificar dizer que sabemos que realmente temos um corpo e que ele se move. Mas não teria sentido perguntar se antes disso a pura apreensão consciente desses fatos prova de alguma maneira que possuímos um espírito. Pelo contrário, se houver necessidade de evocarmos essas outras realidades que são o pensamento e a cognição, essa mesma necessidade talvez sirva de prova de que os simples atos de apreensão de que temos um corpo e de que ele realmente se move não tornam evidente a posse de uma mente, para além do corpo e da consciência. Tanto quanto sabemos, a consciência é uma disposição que temos para apreender fenômenos, e pode ser que o uso lingüístico do adjetivo "mentais" para qualificá-los não passe de um simples hábito. E como no caso de todos os hábitos, há lugar para perguntar se ele deve ou não ser erradicado. No caso do corpo e de seus movimentos, basta dizer que são atos, ou fatos, ou fenômenos da consciência. Mais do que isso seria uma injustificável substancialização da consciência.

Mais recentemente, uma violenta crítica de Colin McGinn a António Damásio deixa transparecer essa velha tentação substancializante. Em seu novo livro de 2003, *Ao Encontro de Spinoza*, Damásio apresenta uma concepção da mente próxima da que aqui defendo em relação à consciência: "(...) dizer que a mente é feita de idéias de nosso próprio corpo é equivalente a dizer que nossa mente é feita de imagens, representações ou pensamentos que dizem respeito a partes de nosso próprio corpo em ação espontânea *ou no processo de responder a objetos exteriores ao corpo*" (DAMÁSIO, 2003 *b*: 240; Damásio 2003 *a*: 213-4; itálicos meus). É importante acentuar aqui que nesta obra Damásio estabelece uma nítida distinção entre a "mente" e a "consciência" (DAMÁSIO, 2003: 184). Pelo contrário, já insisti neste capítulo na exclusão de termos como "mente" e "espírito", mantendo apenas o conceito de consciência.

Na recensão que faz da versão inglesa deste livro (DAMÁSIO, 2003 *a*), Colin McGinn (McGINN, 2003), aproveita uma frase em que Damásio aponta para a aparente "implausibilidade" da sua teoria (logo a seguir ao texto que cito acima), concluindo que Damásio tem consciência de que os leitores podem achar paradoxal sua concepção, e acusando-o de fazer uma "confusão elementar": "É certo que sempre que há uma modificação de nosso estado mental há mudança do estado de nosso corpo, e que o estado corporal é a base ou mecanismo que torna possível o estado mental. Mas é um grosseiro *non sequitur* inferir que o estado mental é acerca do estado corporal. Quando vejo um pássaro à distância, minha retina e meu córtice alteram-se de modo correspondente; todavia, isso não significa que eu realmente não veja o pássaro, mas apenas minha retina e meu córtice. O corpo é sem dúvida a base de minhas idéias, mas não é seu objeto[...]. Damásio ignorou a intencionalidade dos estados mentais, com conseqüências grotescas."

Ora a intencionalidade dos estados mentais, o fato de serem acerca de objetos do mundo real, não justifica que em tais termos se rejeite a teoria segundo a qual os atos de consciência são apreensões de estados corporais, tanto no caso de estados internos como as dores como no caso de atos do tipo da visão de um pássaro. Estou seguro de que neste caso Damásio terá sabido muito bem se defender, em termos de *mente* e não de consciência, por isso limito-me aqui a defender a conjectura a respeito da *consciência* que aqui apresento. Sem dúvida a intencionalidade constitui um problema filosófico de imensa complexidade, impossível de abranger aqui adequadamente, mas aceitar o conceito da consciência como apreensão de estados do organismo em nada afeta a intencionalidade, na medida em que esta é uma propriedade do inteiro ato de visão de um objeto, e não necessariamente uma propriedade *da própria consciência* – embora provavelmente haja quem assim a considere, sobretudo se estiver fixado em concepções do século XIX como a de Brentano, genial fundador da filosofia da intencionalidade cuja importância nunca poderá ser desmerecida, mas seria preciso encontrar argumentos para insistir que a sua concepção da intencionalidade como ligada estritamente à consciência é absolutamente intocável, sem considerar que é o sujeito como um todo que está envolvido no ato intencional. Mas é evidente que a sua concepção da consciência era muito diferente daquela que aqui se propõe.

Conceber a consciência como apreensão de estados organísmicos, em casos como a observação de um pássaro no céu, significa simplesmente que a consciência intervém neste processo como apreensão de estados produzidos em nós por estímulos (luz solar, etc.) oriundos desse pássaro, e não como "visão consciente" do próprio objeto. A observação de um objeto, neste caso como em outros, é um processo complexo no qual se estabelece uma relação intencional entre o sujeito da observação e seu objeto, na medida em que a observação é "acerca" desse objeto. O conceito de consciência como apreensão de estados organísmicos vem no quadro de uma concepção naturalista da filosofia, que abandona as concepções tradicionais da consciência mas deixa totalmente em aberto a questão da intencionalidade da atividade mental, concebida como dirigida a objetos do mundo real. Apenas afirma, o que já não deveria ser novidade para ninguém, que esses objetos não são apreendidos diretamente pela consciência, mas são-no indiretamente pelo sujeito, concebido este como um todo complexo. Mas uma concepção passadista como a de McGinn parece exigir que haja ato intencional *da mente*, o que pressupõe justamente o conceito de consciência que aqui procuro rejeitar. Creio que a consciência se concebe melhor como apreensão de estados corporais, e como etapa num processo que tem início num estímulo exterior e culmina numa operação cerebral de compreensão de que estamos vendo, por exemplo, um pássaro no céu. Outra coisa, mais interessante, seria acentuar que, num plano da consciência superior ao discutido neste livro, o plano do "sentimento de si" damasiano, é possível kantianamente acrescentar que tomo consciência de mim enquanto percepciono algo exterior a mim, mas tal não afeta a conjectura que me parece preferível, de que percepciono o que é exterior a mim através da apreensão (não percepção) dos estados adequados de meu organismo, como os do nervo óptico e de setores do córtex cerebral. Mas, independentemente disto, a invalidade circular da crítica de McGinn impede-a de atingir qualquer teoria da consciência como apreensão de estados do corpo.

VI

Além da consciência, temos outras capacidades misteriosas e irredutíveis a princípios exclusivamente materiais ou físicos. Temos, por exemplo, uma disposição para adquirir expectativas causais após passarmos por certas experiências repetidas: se dois fenômenos surgem constantemente ligados, passamos irresistivelmente a esperar que um surja sempre após o outro, ou que surjam sempre juntos. David Hume mostrou que esta conclusão nem é puramente lógica nem pode ser remetida para a clássica razão dedutiva (HUME, 1748: 116 ss.) – tema este que será desenvolvido no quarto capítulo deste livro. Trata-se aqui, portanto, de uma outra de nossas capacidades, uma capacidade cuja natureza última desconhecemos, tal como no caso da consciência, uma capacidade cuja ação dentro de nós escapa a qualquer introspecção, ao contrário do pensamento dedutivo, a cujos procedimentos lógicos ou matemáticos parecemos poder assistir "por dentro". Mas tal mistério não é razão para concluir que haja em nós uma capacidade distinta do corpo, uma razão desencarnada, que seria a verdadeira autora de nossas inferências. O que parece mais racional admitir, até que surjam melhores argumentos, é que possuímos essa capacidade inferencial como disposição de nosso organismo e como seu instrumento de sobrevivência.

A disposição a que chamamos consciência parece mais misteriosa ainda do que a disposição inferencial assente na repetição, porque os resultados desta última surgem como que "dissolvidos" nos da primeira, e nem poderia ser de outro modo: a única maneira como o efeito da inferência se pode manifestar é como expectativa, embora possa não se manifestar e permanecer como expectativa inconsciente.

Mas a capacidade de ter consciência é diferente do poder inferencial, na medida em que é condição universal para que possa haver sentido, para que alguma coisa faça sentido para nós, ou seja para quem for. Não há um problema da consciência "ao lado de" outros problemas, porque sua existência é a condição para que sequer chegue a haver problemas, ou seja o que for dotado de sentido. Há muitos problemas, científicos e filosóficos, que é interessante e legítimo colocar a respeito da consciência. Mas "o" problema da consciência não está no mesmo plano que os restantes, pois é um correlato inseparável do problema do sentido: um não existe sem o outro, e o conjunto de ambos é o solo indispensável em que deve assentar todo e qualquer inquirir humano, é a condição mínima para toda e qualquer interrogação. A ligação entre consciência e sentido pode talvez ser encarada como mais um mistério, mas não de maneira a tomar a inescrutabilidade da consciência como pretexto para concluir que ela tem de ser alguma coisa mais do que uma disposição do organismo – apesar da absoluta centralidade que possui no quadro geral das disposições humanas.

3. Observação

I

A CONSCIÊNCIA NÃO é mais do que a apreensão de certos estados do organismo, mas alguns desses estados são causados por fenômenos exteriores de um modo que permite algum acesso indireto ao mundo em que vivemos. Escreveu Nietzsche que a natureza escondeu de nós a maior parte de seus segredos, e depois "jogou fora a chave" (NIETZSCHE, 1872: 91), mas é como se ela nos tivesse oferecido uma outra chave, a qual, através da captação de estados organísmicos causados por fenômenos exteriores, nos "devolve" o conhecimento do mundo. Um dos pontos de partida desse conhecimento é o que chamamos "observação", quando os estados organísmicos captados são efeitos recebidos através dos sentidos. São efeitos que revelam a presença de suas causas, sejam elas configurações de forças nietzscheanas, conjuntos de partículas epicureanas ou de prótons e nêutrons, ou então *quarks* e léptons, como os da física contemporânea, ou quaisquer outras "realidades objetivas" – ou "coisas em si", em linguagem kantiana.

Em que medida esses efeitos revelam alguma coisa mais além da simples presença dessas causas, isto é, revelam algo da "natureza" delas, é matéria de discussão no quadro das ciências da natureza, seja a física atual ou outra ciência que o futuro ainda nos possa reservar. Aqui limito-me a sugerir que não faria sentido encarar os estados captados pela consciência como "efeitos sem causa" ou, em termos radicalmente idealistas, como gerados exclusivamente pelo sujeito, ou ainda nos termos de qualquer ceticismo radical – e que as coisas só fazem sentido se admitirmos pelo menos um "realismo neutro" (neutro quanto à natureza da realidade), ou seja, que seria absurdo se as causas de alguns dos estados apreendidos pela consciência não fossem realidades exteriores. Certamente inspira esta minha expressão o "monismo neutro" de Russell, mas limito-me a constatar aqui a dívida e não pretendo discutir esse conceito russelliano. Esclareço apenas que não perfilho essa célebre tese de Russell, segundo a qual há uma única realidade que tanto pode ser puramente material como puramente espiritual. No que disse acima sobre o corpo e a consciência espero ter deixado claro que excluo qualquer realidade do "espiritual" em sentido metafísico.

O que para mim é interessante discutir é o estatuto da observação, supondo que se admite por hipótese – hipótese na qual me empenhei no texto anterior, mas que nem por isso deixa de ser para mim apenas uma conjectura ou teoria – que o que consideramos atos de observação do mundo exterior são atos conscientes nos quais nada captamos diretamente a não ser determinados estados do organismo. Se nos limitarmos, como acima, a aceitar a inevitabilidade da hipótese de que é a realidade exterior que causa os estados organísmicos captados pela consciência, ficamos sem critério para distinguir entre as observações que podem conduzir a uma compreensão correta do mundo em que vivemos e aquelas que apenas nos enganam a tal respeito.

Um critério como esse é por sua vez indispensável para dar conta de algo que adiante será discutido mais longamente, e é o problema da causação. Muitas observações conduzem a conclusões de caráter causal, relativas tanto a efeitos ocorridos em nosso organismo como nos objetos físicos exteriores (ou os que tomamos por tais), incluindo outros organismos. Nenhum fundamento filosófico foi alguma vez encontrado para alegar que tal ou tal inferência causal deva ser considerada certa, ou mesmo apenas provável, mas se admitirmos a hipótese de que muitos organismos, humanos ou não, fazem inferências causais, aliada à hipótese de que os organismos são perecíveis e dependem em boa parte das causações a que estão sujeitos, e que além disso é indispensável a correção de muitas conclusões causais para que pelo menos um certo número de cada espécie de organismo capaz de cognição possa sobreviver, daí se segue um argumento, já mencionado acima que chamarei aqui o "argumento da impossibilidade do erro causal em massa".

O erro causal em massa seria o fato de a maior parte dos membros de uma espécie sistematicamente se enganarem quanto às relações causais estabelecidas no mundo real, fato que tornaria impossível a sobrevivência dessa espécie, ou de qualquer espécie mortal, constituída por organismos perecíveis. Simplesmente seria inevitável, como diz Quine, que uma espécie que estivesse "inveteradamente errada" em suas conclusões causais não se tornasse rapidamente uma espécie em extinção, pois tais criaturas teriam uma "patética, mas louvável tendência para morrerem antes de se reproduzirem" (QUINE, 1969: 126). Esta bem humorada asserção quineana permite-nos afirmar com a maior seriedade a impossibilidade do que chamei "erro causal em massa". Desta vez minha inspiração é Davidson, e seu argumento da impossibilidade do erro em massa na comunicação entre dois indivíduos – mas mais uma vez, tendo "roubado" uma boa expressão, limito-me a reconhecer minha dívida, devendo aliás esclarecer apenas que não tendo a adotar *in toto* esse argumento de Davidson, e que aqui me vou abster de quaisquer outras referências ao mesmo.

Ora como veremos também mais adiante o raciocínio causal assenta, em suas raízes, na observação repetida de conjunções. E para qualquer sujeito poder fazer observações repetidas, de conjunções ou não, é indispensável que tais repetições ocorram efetivamente no mundo real, assim como que as observações tenham valor objetivo, apenas (por agora) no sentido de o que julgo observar como o mesmo x numa série repetida efetivamente ser o mesmo, ou aproximadamente o mesmo, suficientemente para que nossas observações e as conclusões causais delas derivadas acertem com o que se passa no mundo, ou "vão ao correr do pêlo da natureza", para usar mais uma expressão de Quine (QUINE, 1973: 19).

II

Que sentido pode ter, a partir daqui, a alegação de que todas as observações que fazemos são "teoricamente dependentes", ou seja, estão sempre "impregnadas" por algum tipo de teoria, ou carregadas de teoria? Esta tese, que apenas por brevidade a partir daqui chamarei "impregnacionismo", foi defendida por muitos filósofos do século XX, de Hanson a Popper, de Kuhn a Feyerabend e muitos outros, contra o senso comum e a maior parte da tradição filosófica, que sempre atribuíram às observações correta e cuidadosamente realizadas uma validade objetiva da qual não admitem que se possa duvidar. A teoria impregnacionista denuncia e rejeita a concepção do senso comum e de certas filosofias, de que a observação possui uma autonomia que lhe permite servir de fundamento a certas formas do saber, sustentando essa teoria que tal autonomia é apenas ilusória, que obviamente toda e qualquer observação possui uma carga teórica, ou seja, é sempre e sob todos os aspectos relativa a alguma espécie de teoria.

É freqüente apresentar-se a tese impregnacionista como se ela fosse dotada da mais impecável unidade, como se se tratasse de uma única tese, válida para todos os tipos de observação. Mas talvez valha a pena nos darmos ao trabalho de analisar as diferentes formulações dessa tese, a fim de determinar se nessa posição epistemológica não se encontram dimensões de natureza diversa, se não pode haver diferentes sentidos do impregnacionismo. Não se trata de tentar separar radicalmente essas dimensões, pois é possível que elas, caso existam, travem entre si relações importantes. Mas o que não pode ser separado pode ocasionalmente ser distinguido – e sempre que certas distinções são praticáveis em filosofia não é recomendável tentar economizá-las. Pode acabar ficando mais caro desprezá-las, e o preço a pagar bem pode ser o de se condenar à mais irremediável obscuridade.

Vejam-se por exemplo os textos onde Popper defende a tese impregnacionista, isto é, nas palavras desse filósofo, «a concepção segundo a qual as observações, e mais ainda os enunciados observacionais e os enunciados de resultados experimentais, são sempre *interpretações* dos fatos observados; que elas são *interpretações à luz de teorias*» (POPPER, 1959: 107, nota * 3). Ou numa fórmula posterior, mais sintética: que «todo o nosso conhecimento é impregnado de teoria» (POPPER, 1972: 104); o que é especificado mais adiante nessa mesma obra, dizendo que «toda observação é precedida por um problema, uma hipótese (ou o que lhe quiserem chamar); de qualquer modo, por alguma coisa que nos interessa, por alguma coisa teórica ou especulativa» *(id.*: 343). Nestas três passagens fala-se de coisas diversas: do conhecimento em geral (na segunda), da observação em geral (na terceira) e dos enunciados observacionais enquanto distintos das observações, e mais ainda dos enunciados de resultados experimentais, científicos, enquanto distintos dos enunciados observacionais em geral (na primeira). Esta diversidade torna legítimo perguntar se por detrás da unidade do impregnacionismo popperiano não será possível descortinar um conjunto de teses diferentes, e não uma tese única acerca da observação e de sua relação com as teorias.

III

Ao falar de enunciados de resultados experimentais, é bem nítido que Popper nos está falando da observação científica. Relativamente a esta, o impregnacionismo seria a tese de que esse tipo de observação jamais pode ser independente das teorias científicas, de que sempre que se procede a observações no quadro de uma ciência elas não são autônomas, mas possuem uma «carga teórica» derivada de alguma das teorias vigentes nessa ciência. É esta também a concepção de Kuhn (um epistemólogo que sob outros aspectos, como se sabe, é muito diferente de Popper): quando há mudança teórica há também mudança observacional; quando os cientistas passam a trabalhar orientados por uma nova matriz disciplinar, por um novo paradigma, é como se o próprio mundo visível para eles mudasse também. E durante as revoluções científicas os cientistas passam a observar coisas diferentes, mesmo que olhem com os mesmos instrumentos para lugares já antes vistos: «os objetos familiares são vistos a uma luz diferente, e a eles se vêm juntar também objetos não familiares» (KUHN, 1970: 111). Tratando-se dos mesmos sujeitos e dos mesmos objetos, essas mudanças da observação só podem ser explicadas admitindo que elas dependem da única coisa que mudou, as teorias científicas. Portanto as observações científicas, tanto antes como depois da mudança, são dependentes em relação às teorias, são impregnadas por elementos derivados dessas teorias.

Vários autores defenderam concepções próximas desta (ver por exemplo Hanson 1965). E também nesses autores, tal como em Kuhn, encontramos sinais mais ou menos explícitos de defesa da tese impregnacionista ampla, apresentando pontos comuns com a defendida por Popper, isto é, referida a algo mais do que a observação propriamente científica. A isso voltaremos. De momento limito-me a assinalar que todos partilham a tese restrita a que chamarei «impregnacionismo científico», a concepção da observação científica como dependente das teorias científicas. Ora nos autores até agora referidos, tal como em muitos outros, a defesa dessa tese se apresenta no quadro de uma oposição geral ao positivismo, ao mesmo tempo que a referida tese é vista como algo de novo no panorama da epistemologia. Mas o impregnacionismo científico não é novo nem é antipositivista, simplesmente porque a mesma tese foi sustentada, em seus traços fundamentais, pelo próprio fundador do positivismo, Auguste Comte, e já desde seu *Curso de Filosofia Positiva*, na década de 1830. Não usando termos como «impregnação» ou «carga teórica», mas falando em direção, e em interpretação, das observações pelas teorias científicas.

Lemos na 48ª lição do Curso que «nenhuma verdadeira observação é possível a não ser que seja primitivamente dirigida, e finalmente interpretada, por uma teoria qualquer» (COMTE, 1893, vol. IV: 334). Seria portanto ingênuo apresentar a defesa do impregnacionismo, enquanto tese acerca da observação científica, como se fosse o alfa e o ômega do anti-positivismo em teoria da ciência. Mas a tese comteana não sustenta que toda observação sem exceção seja dependente de teoria, afirma apenas que as observações relevantes para a ciência possuem essa carga teórica, e não são possíveis se não estiver presente teoria alguma. Ficam excluídas da impregnação teórica as observações isoladas e ingênuas características do vulgo, as quais são "inteiramente empíricas» *(id.)*. Assim, não pode hoje ser reivindicada uma completa originalidade para aqueles que defenderam, no decurso do século XX, um impregnacionismo limitado ao domínio da observação científica.

Sob este aspecto, Comte não é um caso isolado no meio do século XIX. Uma outra figura importante, geralmente ligada também ao positivismo, concebe a observação científica como igualmente dependente de teoria, fazendo a sugestão adicional de que esse tipo de observação se modifica quando há mudança teórica. Num ensaio intitulado «O Valor das Provas», escrito em 1853, Herbert Spencer refere vários exemplos desse tipo de impregnação teórica. Um desses exemplos diz respeito a um livro de história natural do século XVII, *Metamorphosis Naturalis,* publicado em 1662, em cujas gravuras são representadas as diversas fases das metamorfoses dos insetos, e onde os desenhos irregulares da extremidade anterior das crisálidas das borboletas aparecem representando cabeças humanas grotescas, cada espécie com seu perfil diferente. Nessas mesmas espécies, os naturalistas da época de Spencer eram incapazes de descortinar qualquer semelhança com cabeças humanas: se dois séculos antes se faziam observações diferentes, era porque as convicções teóricas dos naturalistas os levavam a realmente «ver» essas semelhanças antropomórficas (SPENCER, 1894: 73-74).

É bem verdade que Spencer aponta, neste exemplo de observação entomológica seiscentista, um erro de observação: no caso do naturalista que desenhou essas gravuras «sua idéia preconcebida possui-o a tal ponto que o lápis se desvia, levando-o a figurar representações ridiculamente dissemelhantes da realidade» (*id.*: 74). Mas isso é apenas para logo acrescentar que a *ausência* de teoria ou hipótese é uma fonte de erro observacional tão comum quanto a presença de teoria: «não é menos verdade que não podemos fazer corretamente a menor observação, se não tivermos antes alguma noção do que é preciso observar», acrescenta ele logo em seguida. E dá um exemplo: «Se nos pedem para escutar um som fraco, apercebemo-nos de que, sem uma preconcepção da espécie de som que devemos ouvir, simplesmente não ouvimos nada» (*id.*: 75). Para concluir no final do ensaio: «É evidente que todas as nossas observações, excetuando as que são guiadas por teorias verdadeiras já estabelecidas, correm o risco de ser falsas e incompletas (*id.*: 78). É a posição defendida por Comte alguns anos antes: para proceder a observações científicas, capazes de apresentarem alguma utilidade para a ciência, é sempre necessário partir de alguma teoria ou hipótese. Os casos de observação mais tarde considerada errônea, resultante de um desvio produzido por uma preconcepção teórica, não podem levar-nos a anelar por qualquer espécie de observação científica inteiramente pura ou independente de teoria.

Se o impregnacionismo fosse apenas uma tese acerca da observação científica, seria dotado de um grande poder de convicção: é fácil admitir que o trabalho da ciência exige observações cuidadosamente orientadas, e que esta orientação será naturalmente, não a de um método extrateórico, mas a da teoria adotada em cada terreno de investigação, sendo inevitável que esta deixe sua marca nos atos de observação. Quando a investigação é orientada por teorias diferentes, as observações realizadas no interior de seu quadro serão também diferentes. É neste plano que é possível, e útil para o progresso da ciência, que haja conflito entre perspectivas diferentemente impregnadas. E não parece haver inconveniente em que se fale de impregnação ou carga teórica a tal respeito. Mas ao mesmo tempo é preciso reconhecer que, reduzido apenas a uma tese interessando à filosofia da ciência, o impregnacionismo não é uma extraordinária novidade, pois vimos que ele tem como precursores nada menos do que Comte e Spencer, duas das principais figuras da epistemologia do século XIX.

IV

Muito mais novidade podemos encontrar em outra dimensão da tese impregnacionista, na qual não é mais a observação científica que é visada, mas a observação no sentido mais geral possível, enquanto dotada universalmente de uma carga teórica recebida dos próprios aparelhos *biológicos* através das quais os homens procedem à apreensão do mundo observável. Como defensor dessa tese, à qual podemos chamar "impregnacionismo biológico", vamos encontrar mais uma vez o mesmo Popper em quem reconhecemos também um partidário do impregnacionismo científico. Sua defesa do impregnacionismo biológico aparece em obras mais tardias do que aquelas onde sustentava a outra posição, que aliás não abandona, conservando ambas. Num texto intitulado "Todo conhecimento é impregnado de teoria, incluindo nossas observações", seu ponto de partida é a tese de que o conhecimento consiste em disposições de *organismos*, que essas disposições são ajustamentos a condições ambientais, e que portanto elas estão impregnadas de «teorias» acerca dessas condições, o que Popper confessa só poder ser afirmado «adotando um sentido suficientemente amplo do termo "teoria"». Neste texto, Popper equipara o que chama «observações» ao *input* do organismo, acrescentando que este último só é capaz de receber, como *input* relevante, aquilo que o «programa» ou estrutura inata do organismo está preparado, como «teoria», para receber (POPPER, 1972: 71-2).

Evitemos proceder agora a uma discussão do uso do termo «teoria» nesta acepção, discussão que já procurei fazer em outro local, a propósito também de outros filósofos além de Popper (MONTEIRO, 1984: 224 ss.). De momento parece-me mais interessante assinalar um aspecto do uso popperiano de outro termo, que é precisamente o termo «observação», nos textos cima citados. Num outro ensaio do mesmo volume, Popper insiste na distinção entre observação e percepção: «A observação é um processo no qual desempenhamos um papel intensamente *ativo*. Uma observação é uma percepção, mas é uma percepção planejada e preparada. Não "temos" observações (como podemos "ter" experiências sensoriais), pelo contrário, "fazemos" observações» (POPPER, 1972: 342). A observação aparece, assim, como um caso particular da percepção. Mas num terceiro ensaio do mesmo volume o impregnacionismo biológico popperiano surge com toda a clareza como uma tese acerca da percepção sensorial em geral, acerca da simples apreensão do mundo, e não apenas acerca da observação no sentido restrito agora apontado.

Numa passagem desse mesmo capítulo, onde é reiterada a afirmação de que os órgãos dos sentidos incorporam expectativas teóricas *(theory-like)*, a partir das quais há uma seleção dos eventos ocorridos no ambiente em que vive cada organismo – tese epistemológica que é explicitamente apresentada como darwiniana – Popper acrescenta: «A epistemologia clássica, que toma as *percepções sensoriais* como "dadas", como os "dados" a partir dos quais nossas teorias têm de ser construídas por um processo de indução, só pode ser descrita como pré-darwiniana». Segundo Popper, os pretensos dados da percepção são realmente reações adaptativas, «e portanto interpretações que incorporam teorias e preconceitos e que, tal como as teorias, estão impregnadas de expectativas conjecturais»; não há «*percepção* pura nem dados puros» (*id.*: 145; ênfase minha). Assim, a impregnação biológica popperiana não atinge a observação *enquanto* observação distinta da percepção comum, mas precisamente, pelo contrário, já enquanto simples percepção. Não é de seu caráter ativo, de operação planejada e preparada, que lhe vem sua dimensão teórica, é simplesmente de seu caráter sensorial. Ao que importa acrescentar que o impregnacionismo biológico de Popper é uma tese acerca da apreensão do mundo pelos organismos em geral, não apenas pelo homem mas também pelas outras espécies animais. Acrescentando também, por outro lado, que no quadro desse tipo de impregnacionismo não há lugar, ao contrário do que vimos no caso do impregnacionismo científico, para conflitos entre perspectivas diferentemente impregnadas. Em cada espécie a impregnação é uniforme e universal, e não parece haver lugar para pensar qualquer possibilidade de conflito de perspectivas entre espécies diferentes. De um modo geral, a observação é impregnada de teoria simplesmente porque é uma percepção, e não devido a seu caráter humano ou a seu caráter teleológico, dirigido a um fim.

V

O impregnacionismo científico e o impregnacionismo biológico são duas teses que podem ser consideradas complementares, como é sugestivamente manifestado por sua presença na obra de um só autor. Podemos mesmo alegar que sentimos intuitivamente uma certa coerência na adoção simultânea de ambas elas, que esta adoção surge como «natural», e que ambas apresentam até um certo caráter «quase-sistêmico» em suas relações recíprocas – elas «fazem sistema», prestam-se com facilidade a sua inclusão conjunta num mesmo sistema filosófico. Mas de modo algum poderia afirmar-se que qualquer delas implica a outra: o impregnacionista científico pode ignorar qualquer noção de uma carga teórica em nossos atos de apreensão não científica do mundo visível. Foi efetivamente esse o caso de Comte e Spencer. E mesmo hoje não podemos supor que haja incoerência em não adotar ambas essas teses: Hanson e Kuhn ignoram a perspectiva evolucionista própria do popperismo, e Popper defendeu o impregnacionismo científico muito antes de formular essa mesma perspectiva. Tudo indica que estes dois impregnacionismos são reciprocamente independentes – pelo menos logicamente independentes. Claramente, o impregnacionismo científico não tem por que ser considerado «impregnado» de impregnacionismo biológico.

Também não seria legítimo supor, por outro lado, que o impregnacionismo biológico é «impregnado» de impregnacionismo científico. Mesmo em Popper não há sugestão nesse sentido, e seus argumentos em favor do primeiro não se inspiram em sua adoção do segundo – sua «descoberta» do primeiro pode ter-se originado em tal inspiração, mas sua «justificação» do impregnacionismo biológico não consiste nunca em alegar que a observação científica tem uma carga teórica e que «portanto» os protozoários também têm sua apreensão do mundo impregnada de teoria, o que obviamente seria o mais completo absurdo. Por outro lado, é perfeitamente possível adotar o impregnacionismo biológico sem tomar qualquer posição quanto ao científico – é o caso de Konrad Lorenz, para o qual nossa observação dos corpos do espaço tridimensional da geometria euclideana depende do mesmo tipo de mecanismo biológico que Popper qualifica como «teoria».

Lorenz apoia-se nas pesquisas fisiológicas de von Holst, que segundo ele levaram à descoberta desses mecanismos (corpúsculos táteis, labirinto do ouvido interno, sistema nervoso, etc.) e denuncia o absurdo de supor que os órgãos que foram objeto dessa descoberta, que evoluíram a serviço da preservação da espécie, «adaptando-se aos dados da realidade», não têm como função a apreensão que fazemos do espaço, de maneira inata e *a priori*» (LORENZ, 1975: 17). Se observamos os objetos no espaço, não é de maneira «pura», pois não há qualquer «datidade» intrínseca no espaço em si mesmo, mas porque nossas observações visuais ou táteis (ou simplesmente nossas percepções sensoriais) são dependentes de aparelhos geneticamente transmitidos em nossa espécie de geração em geração, são impregnadas por elementos ou «informações» que provêm desses mecanismos, e não apenas do mundo exterior. Lorenz defende portanto uma forma de impregnacionismo biológico – mas não é explicitamente adepto das teses impregnacionistas científicas, seja a comteana ou a popperiana.

O impregnacionismo biológico apresenta um grau de plausibilidade que não é talvez idêntico ao do impregnacionismo científico, mas pode talvez ser também considerado uma hipótese convincente, sobretudo para quem fez estudos de genética ou qualquer disciplina biológica e é assim levado a considerar natural a suposição da existência dos mecanismos postulados por Popper ou Lorenz, bem como sua relevância para a observação. Daí a admitir que toda e qualquer observação ou percepção é efetivamente impregnada pelas teorias incorporadas em tais mecanismos vai apenas um passo. Pode-se preferir não usar o termo «teoria», talvez por se encontrar aí uma metáfora demasiado forte, e ao mesmo tempo admitir que a apreensão do mundo visível não pode ser corretamente descrita como observação direta das próprias coisas – o que seria uma tese pré-cartesiana – nem como a recepção de representações das coisas sem intervenção da nossa estrutura cognitiva – o que seria uma tese pré-kantiana. Uma vez admitido tudo isto, nada de estranho haverá em nossa eventual conversão ao impregnacionismo biológico.

VI

Tanto mais que essa conversão não teria por que vir se chocar com um dos alicerces da nossa concepção do conhecimento em geral, e mais particularmente do conhecimento observacional: a crença na possibilidade de uma observação *objetiva* das coisas deste mundo. A impregnação da observação por nossos mecanismos inatos deixa intacta a possibilidade da *intersubjetividade* – esses mecanismos são postulados como *universais,* pelo menos em nossa espécie, e portanto podem e devem ser vistos, até, como condições da possibilidade de objetos idênticos para sujeitos também postulados como essencialmente idênticos. Não há qualquer sugestão de «relativismo» no impregnacionismo biológico: podemos tranqüilamente continuar acreditando na legitimidade da diferença entre as observações dotadas de valor objetivo e as que, por dependerem de certas formas de uma subjetividade particular, não são possuidoras desse valor. O partidário dessa concepção não terá mais dificuldades com a objetividade do que o kantiano – ambos acreditam que o mundo observável não é o mundo «em si mesmo», mas apenas o conjunto dos objetos da experiência possível, no interior do qual se pode proceder tranqüilamente à distinção entre a objetividade e a subjetividade.

E o impregnacionismo científico? Haverá razões para supor que ele encerre em seu bojo algum perigo de relativismo, ou de nihilismo epistemológico? Não consta que Comte ou Spencer hajam despencado em tais abismos, nem por outro lado é desse cariz a proposta popperiana. O conhecimento científico, para esses autores e muitos outros, é o próprio paradigma do conhecimento objetivo, e a observação científica nada perde da mesma qualidade com sua impregnação teórica. A observação permanece como a pedra de toque da objetividade científica, como o terreno sólido onde se torna possível o teste das teorias – quer se acredite que as teorias podem ser verificadas ou, com Popper, que é apenas possível refutá-las. Mesmo o radicalismo de Feyerabend não o impede de replicar, quando Hempel sugere que as observações impregnadas por uma teoria não podem ser usadas para refutar essa mesma teoria, que tal suspeita não tem fundamento, pois geralmente são as noções primitivas da teoria que derivam de observações teoricamente carregadas, e não seus pontos de partida, suas condições iniciais. E mesmo nos raros casos em que uma teoria envolve asserções acerca de condições iniciais possíveis (como em algumas versões da teoria da relatividade), ela pode ser testada à luz de relatórios de observação «auto-inconsistentes», que tornam possível sua refutação (FEYERABEND, 1975: 278), e aparecem assim como relativamente independentes de teoria. Mesmo um «anarquista epistemológico» como Feyerabend parece portanto acreditar em alguma coisa como a objetividade da observação científica, bem como na capacidade que esta última possui de contribuir com testes que por sua vez servem de fundamento para nossa aceitação do valor objetivo das próprias teorias científicas.

Portanto o impregnacionista preocupado em acreditar no valor de suas teorias, e também no valor «de seus próprios olhos», não tem por que vir a encontrar-se em conflito consigo mesmo. Inclusive a aceitação conjunta da dimensão biológica e da dimensão científica dessa tese não o deixará com problemas mais graves do que o de traçar analogias relevantes entre esses dois «momentos teóricos» no plano ou esquema global do conhecimento humano, mormente no que diz respeito ao conhecimento observacional. Sua concepção da observação e do conhecimento lhe diz apenas que os homens, seres biológicos, são guiados em sua apreensão mais básica do mundo por mecanismos genéticos, capazes de construir «interpretações» dos estímulos sensíveis recebidos desse mundo, e que é a partir de suas observações assim «teoricamente carregadas» que eles constituem o que Sellars chamou a «imagem manifesta do mundo» (SELLARS, 1963: 6 ss.). Os mesmos homens, seres dotados de capacidades intelectuais, são capazes também de construir uma outra imagem do mundo, à qual Sellars chama a «imagem científica», na qual os objetos familiares da observação são substituídos por outros objetos mais estranhos, como os prótons, os genes ou os campos de força *(id.*: 18 ss.), para cuja construção é necessária a invenção de teorias. Essa dualidade é algo com que é perfeitamente possível conviver: tanto de um lado como do outro os homens conhecem critérios geradores de um mínimo de segurança epistemológica, primeiro para se assegurarem do valor objetivo de algumas de suas observações, e depois para se assegurarem do valor objetivo de algumas de suas teorias, utilizando certas observações privilegiadas como testes dessas teorias. O impregnacionista, mesmo o «duplo» impregnacionista, não tem qualquer razão para deixar de se sentir num estado de relativa paz epistemológica.

VII

Mas há quem não se sinta satisfeito com essa situação, e pretenda que ainda há outras formas de carga teórica da observação, para além das duas que até aqui procurei sintetizar. Parece haver até quem esteja preparado para sustentar sem reservas que toda e qualquer observação, sem exceções, é impregnada de teoria num sentido diferente do pretendido pelo impregnacionismo biológico, e que além disso se encontra fora dos territórios da investigação científica, no próprio coração do conhecimento comum. Mas, como foi assinalado por Moulines, os partidários dessa terceira forma de impregnacionismo nunca definiram inequivocamente a natureza e o alcance de sua tese: «nem Hanson nem a maior parte dos cabos de guerra do "tudo teórico" explicaram jamais claramente qual é a noção de teoria que têm em mente» (MOULINES, 1982: 37). Feyerabend, que no livro já citado dá mostras da mesma obscuridade a tal respeito, apresentou em outra obra, como assinala Moulines, uma concepção segundo a qual a observação tem uma «carga teórica universal» derivada de «teorias» que são simplesmente «qualquer coisa»: qualquer sistema de crenças *(id.*: 37-38). Feyerabend declara usar o termo «teoria» em sentido muito amplo (o que é um curioso eco de Popper), «incluindo as crenças comuns, mitos, crenças religiosas, etc.» ou, em resumo, «qualquer ponto de vista suficientemente geral» (FEYERABEND, 1965: 219, nota 3). É possível sustentar, com Moulines, que nestes termos o impregnacionismo se torna uma tese trivial (MOULINES, 1982: 38). Mas mesmo assim talvez se torne interessante discuti-la e examinar a racionalidade de suas pretensões. De passagem podemos notar que, seja ou não uma tese viável, essa nova concepção pode receber aqui o nome de «impregnacionismo cultural», pois o que defende, pelo menos nos termos agora vistos em Feyerabend, é a existência de uma carga teórica da observação num plano que fica claramente além do meramente biológico, e aquém do propriamente científico. Crenças, religiões e mitos costumam ser situados no domínio geral da cultura. Procuremos então analisar esse impregnacionismo cultural – esforçando-nos por tentar descobrir, apesar de Moulines, o que pode ser dito em seu favor.

Quando dizemos que observamos um objeto, muitas vezes isso implica que ele foi por nós *identificado* – que ele foi reconhecido como membro de uma classe de objetos previamente conhecida. Observar uma forma longínqua para depois concluir que se trata de uma árvore é proceder a uma identificação, do mesmo modo que observar uma planta desconhecida, para depois concluir que é um tipo de alga, ou de fungo. Como escreve Hanson: «Muitas vezes a pergunta "O que você está vendo?" limita-se a querer dizer "Você é capaz de identificar esse objeto à sua frente?" Isso tende mais a testar nossos conhecimentos do que nossa visão» (HANSON, 1965: 6). Mais adiante, Hanson declara haver um sentido no qual a observação é carregada de teoria: «A observação de x é modelada pelo conhecimento prévio de x» (*id.*: 19). Ora nesse sentido é legítimo sustentar que a cultura do observador impregna profundamente suas observações. Um observador em cuja cultura os livros, por exemplo, sejam objetos inexistentes, não observará um livro da mesma maneira que outro observador em cuja cultura esse tipo de objeto seja comum. É possível até que o primeiro observador, a quem por uma ou duas vezes tenha sido ensinado por ostensão o que é um livro, seja depois incapaz, ao observar outro livro um pouco diferente dos já conhecidos, de identificá-lo como um livro: esta incapacidade de reconhecimento seguramente poderá ser tomada como prova de que essa última observação foi diferente, tanto das nossas como daquelas em que lhe foram mostrados livros e lhe foi ensinada a palavra correspondente. Certamente que neste sentido se pode falar em impregnação, pois se toda observação fosse «pura», ou dependente apenas de nossos mecanismos perceptivos, não ocorreriam as diferenças apontadas. Existe portanto uma certa medida de validade em nosso terceiro impregnacionismo, o impregnacionismo cultural.

É legítimo sustentar que a identificação observacional dos objectos depende de um «sistema de conceitos»: precisamente os conceitos das diversas classes de objetos presentes em nosso mundo observável, e das propriedades desses objetos. E sabemos que culturas diferentes podem ter sistemas conceptuais diferentes, inclusive no que diz respeito à classificação dos objetos e das propriedades, sendo portanto natural concluir que tais sistemas impregnam diferentemente as observações realizadas por observadores pertencentes a culturas diferentes. Mas neste caso continua havendo razões para suspeitar, com Moulines, que o impregnacionismo cultural é uma tese quase trivial, e que dificilmente será lícito falar em carga teórica das observações: se podemos definir com alguma precisão que se trata dos conceitos das classes de objetos e das propriedades dos objetos, deixa de justificar-se que se fale em «teoria» dessa maneira imprecisa. Nosso terceiro impregnacionismo seria mais adequadamente chamado a tese da «impregnação conceptual da identificação», e não da impregnação teórica da observação.

Conceitos não são o mesmo que teorias, e identificações não são o mesmo que observações – elas fazem parte dos resultados das observações. Se se argumentar que de qualquer modo são parte integrante e inseparável das observações, a resposta será, que de qualquer modo muitas vezes é legítimo distinguir o que não pode ser separado, e que o trabalho da filosofia não deve envergonhar-se de por vezes se constituir nesse tipo de análise. Poderia a rigor dizer-se que os sistemas conceptuais são *uma* das espécies de um gênero ao qual podemos vagamente chamar «as teorias», ou «os sistemas teóricos». Poderia a rigor dizer-se, por outro lado, que a identificação é *um* dos elementos essenciais dos resultados das observações. Mas em ambos os casos seria pouco avisado tomar a parte pelo todo – o que seria aqui, mais do que sinédoque, simplesmente falácia. Em sua maior parte, as teorias não constituem meros sistemas de conceitos – e as que são mais do que isso geralmente são as que melhor podem receber esse nome de «teorias». E há muitas observações que são autênticas observações, no sentido popperiano acima indicado, de percepções preparadas e planejadas, e que não culminam na identificação de «seu» objeto: um caso típico é o das observações visuais à distância, que em casos extremos podem até não conduzir a identificação alguma – a não ser a do objeto visto ao longe como «uma coisa», e não como uma mancha no fundo de nosso campo visual, o que não é identificação mas apenas atribuição *de* identidade, sem descobrir *qual* é a identidade do objeto. Nada nos permite portanto dizer que esse tipo de impregnação, embora enquanto tal efetivamente ocorra, seja propriamente «teórica» ou «da observação». E seria talvez menos espetacular e mais humilde, e ao mesmo tempo mais claro, deixar de falar em impregnação ou carga teórica e dizer simplesmente que a identificação observacional é *dependente* em relação aos sistemas conceptuais dos observadores.

VIII

Quanto ao que o impregnacionismo cultural possa pretender fora desse plano, a respeito de uma carga teórica da observação para além da identificação, não conheço formulação suficientemente clara para permitir uma discussão crítica com alguma profundidade. Mas Kuhn tem uma concepção desse problema onde os exemplos tirados da psicologia da *Gestalt* – tão amplamente usados por Hanson, pelo próprio Kuhn e por outros, como exemplos da maneira como o «ponto de vista» modela o objeto observado – aparecem afinal como indicadores dos *limites* da impregnação teórica da observação. O observador submetido a uma experiência de *Gestalt*, por exemplo percebendo uma figura alternadamente como um pato ou como um coelho, vai segundo Kuhn dirigindo cada vez mais sua atenção para as *linhas sobre o papel* que está olhando, e não para a figura do pato ou do coelho. E acaba por aprender a ver essas linhas sem ver qualquer dessas duas figuras, passando então a poder dizer (o que antes não podia) que são as linhas que ele *realmente vê*, e que além disso pode vê-las alternadamente *como* pato ou *como* coelho (KUHN, 1970: 114). Ver as linhas, sem ser como pato ou como coelho, é precisamente uma observação *sem* identificação; e esta observação é de uma qualidade difícil de afirmar como impregnada de teoria, pelo menos no plano em que o são as duas figuras identificadas.

O mínimo que pode dizer-se neste caso é que a observação das linhas das figuras, se de todo em todo vier a descobrir-se que em algum sentido é impregnada de teoria, possui uma carga teórica necessariamente *menor* que a observação do pato ou do coelho. Que de uma maneira geral os *enunciados* possuem graus variáveis de teoricidade foi assinalado por Moulines: observando duas estrelas no céu, há maior teoricidade no enunciado «aquela estrela está mais afastada da Terra do que aquela outra» do que no enunciado «aquela estrela é mais brilhante do que aquela outra». E sobre a comparação entre as mesmas duas estrelas podem ser construídos enunciados de maior teoricidade, aliás nitidamente científica, envolvendo a referência ao efeito Doppler e outras similares (MOULINES, 1982: 36-7).

Ao que podemos acrescentar exemplos que exploram o outro lado do espectro da teoricidade: *menos* teórico do que o segundo exemplo apresentado acima é por exemplo o enunciado «aquela luz é mais brilhante do que aquela outra», e menos ainda um enunciado como «aquilo brilha mais do que aquilo». A esses enunciados diferentes correspondem diferentes observações – não apenas diferentes observações concretamente possíveis, por observadores que realmente sejam detentores de graus diversos de informação identificadora, mas também diferentes *níveis* de observação de um mesmo observador. Quem vê o pato ou o coelho vê *também* as linhas, quem vê uma estrela mais afastada do que outra vê *também* que ela é menos brilhante, e que é uma luz menos brilhante, e que é algo menos brilhante. Isto para descartar as distinções tradicionais entre «ver» e «interpretar», admitindo com Wittgenstein que «vemos à medida que interpretamos», sem separar as duas operações. (WITTGENSTEIN, 1968: 193), e aceitando o argumento hansoniano de que «o interpretar já está no ver» (HANSON, 1965: 10,15).

À medida que vamos descendo na escala da hipotética teoricidade das observações, as conjecturas de ordem cultural vão perdendo força perante as conjecturas biológicas: observar que um objeto não identificado brilha mais do que outro objeto não identificado é sem dúvida uma operação sujeita a constrições, mas é muito mais plausível que essas constrições sejam concebidas em termos de carga biológica do que em termos de impregnação cultural. Talvez não possa ser sustentado, com o senso comum, que com certeza absoluta existe um «grau zero» da teoricidade, que de certas observações é inadmissível dizer que sejam impregnadas em qualquer sentido que seja. Mas a óbvia viabilidade de uma aproximação assintótica desse grau zero é suficiente para evidenciar a irresponsabilidade epistemológica das afirmações do tipo «tudo é teoria».

Um exemplo de figura gestáltica que encontramos em Wittgenstein presta-se bem a servir de ilustração a este ponto. É a figura do paralelepípedo:

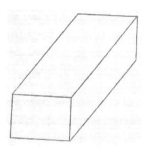

A figura pode ser vista ora como um sólido, ora como uma caixa pousada e aberta em baixo, ora como três pranchas formando um ângulo, ora como «uma estrutura de arame com essa forma» (Wittgenstein 1968: 193). Podemos admitir que a «carga teórica» (expressão nunca usada por Wittgenstein) dessas quatro observações é praticamente equivalente, mas o caso que citei por último aponta já para uma quinta observação possível, aquela evocada por Kuhn, de simples visão das linhas: basta retirar a referência ao arame para poder dizer-se que estamos observando, ou uma estrutura qualquer com essa forma (menor grau de teoricidade, ou de «conceptualidade»), ou três quadriláteros (menor grau ainda), ou até, como no texto de Kuhn, simplesmente os segmentos de reta aí presentes.

Diferentemente das duas primeiras formas de impregnacionismo, o impregnacionismo cultural jamais poderá tornar-se uma tese «forte», afirmando sem hesitações nem cuidados que todo um domínio observacional está sujeito ao mesmo tipo de constrição. A carga cultural de uma observação apresenta-se sob a forma de graus altamente variáveis de informação acerca do mundo, e nos casos de informação mínima a insistência na impregnação a todo o custo passa a assumir feições de apego dogmático a uma ideologia, e não de racional aceitação de uma conjectura filosófica. O impregnacionismo cultural não tem como recusar a plausibilidade da tese segundo a qual, no interior de observações diferentes feitas por observadores culturalmente diferentes, se encontram níveis de observação com uma teoricidade tão duvidosa que seria irracional supor nesses níveis a persistência de diferenças significativas. Ver uma estrela mais afastada do que outra é uma observação teoricamente carregada, mas ver uma luz, ou «algo» mais brilhante do que outro é uma operação onde dificilmente se encontrará qualquer impregnação que não seja essencialmente biológica.

IX

Há portanto uma tripla tese acerca da carga teórica da observação, tese esta que tem condições de ser sustentada, mas não daquela maneira «totalizante» que poderia autorizar o uso indiscriminado de expressões simplistas como «todas as observações são carregadas de teoria». Não é uma tese capaz de alicerçar qualquer espécie de concepção radicalmente relativista da apreensão do mundo visível, ou capaz de abalar seriamente nossa habitual confiança na objetividade do conhecimento observacional – uma atitude epistemológica que, bem ou mal, é partilhada pelo senso comum e pela ciência. E para acreditar nisso não é necessário qualquer regresso ao «empirismo», nem o recurso a conceitos filosoficamente duvidosos como o conceito de «dados sensíveis», ou o de *sensibilia* que era tão do agrado de Bertrand Russell (RUSSELL, 1917: 108 ss.) e que talvez tenha merecido as críticas que recebeu de Hanson (HANSON, 1965: 10). Podemos tranqüilamente seguir Quine e afastarmo-nos dos filósofos para os quais as observações são «eventos sensoriais», reafirmando com ele que o que comumente notamos e atestamos são, em vez disso, objetos e eventos lá fora no mundo» (QUINE, 1978: 22). Esse mundo lá fora está – de maneira que se pode tornar objetiva, embora apenas indiretamente, através de nossos atos conscientes de apreensão de estados de nosso próprio organismo, como vimos no capítulo anterior – ao alcance de nossas observações, tanto as que fazemos no plano do senso comum como aquelas, mais rigorosas, de que às vezes nos tornamos capazes quando nos dedicamos às tarefas da ciência.

Podemos portanto apenas admitir um impregnacionismo sem dogmas – uma tese filosófica que, corretamente interpretada e avaliada, aparece como um conjunto de concepções enriquecedoras do panorama de nossa epistemologia. Mas não podemos admitir um impregnacionismo dogmático, que seria uma porta escancarada através da qual o edifício do conhecimento ficaria à mercê de uma qualquer ideologia. Ninguém tem o direito de se sentir autorizado a apoiar-se nas teses impregnacionistas para tentar nos persuadir de que o ideal do conhecimento objetivo nunca passou de um sonho sonhado pelo positivismo – ou pior ainda, pelo empirismo ingênuo que historicamente o precedeu. Muito especialmente, ninguém fica autorizado a sustentar que a racionalidade possível só pode ser encontrada no interior de uma «visão do mundo» – o que no fundo se torna aqui um outro nome através do qual algumas ideologias gostam por vezes de acobertar-se. Um tal uso do impregnacionismo não passa da máscara de uma outra forma de *imperialismo ideológico*. Compete a nós persistir sempre em fazer dele um uso menos irracional.

4. Causação

Chamemos "sujeito primevo" ao que seria um sujeito cognoscente humano típico, com a diferença de nunca ter tido experiência alguma. E imaginemos o que poderia suceder naqueles momentos iniciais em que ele teria suas primeiras experiências. Suponhamos também que ele teria mecanismos cognitivos inatos capazes de lhe dar a conhecer as qualidades sensíveis dos objetos do mundo, mas não os poderes causais desses objetos. As informações adquiridas por esse sujeito através da observação de cada objeto dessas experiências iniciais, juntamente com as regras ditadas por sua constituição inata, iriam formando um sistema conceptual mínimo, com base no qual o sujeito primevo poderia partir para a aventura de descobrir também os poderes causais das coisas, acrescentando essa segunda camada de informações e respectivos conceitos a seu sistema conceptual global.

Suponhamos agora que ele tem um sistema conceptual formado por regras e conceitos acerca dos objectos, mas ainda não teve experiência daquilo que Strawson chama "produção" *(production* ou *bringing about)* de eventos ou objetos a partir de outros eventos ou objetos. Não é desta maneira, como é evidente, que se formam os sujeitos realmente existentes, os sujeitos humanos concretos. Estes se vão formando, a partir do nascimento, ou talvez também antes, através de um misto de aquisições cognitivas, em que se alterna a apreensão de qualidades sensíveis com o aprendizado de poderes causais. Por sua vez, em nossa suposição não é assim que as coisas se passam durante os primeiros tempos da vida cognitiva do sujeito primevo. E a pergunta central que queremos fazer é sobre a maneira ou maneiras como esse sujeito poderia adquirir seu primeiro conhecimento de um poder causal qualquer. Ou seja, como seria obtido o conhecimento de uma *disposição* de um objeto, de uma propriedade desse objeto que não se manifestasse por ocasião daquele tipo de inspeção ou exame que consiste na observação comum das qualidades sensíveis dos objetos, através do uso dos sentidos.

Strawson estabelece em *Análise e Metafísica* (STRAWSON, 1992) uma distinção entre a noção de causa ou causalidade e a noção de causação, entendida a primeira como uma relação entre eventos particulares distintos e a segunda como a *produção* de eventos, como o *fazer surgir (bringing about)* de efeitos ou novos estados de coisas. A primeira, concede Strawson ao que chama a "concepção dominante" de raiz humeana *"the Humean received view"*, só se constrói a partir da "observação de regularidades de associação de existências distintas". Mas a segunda dispensa a intermediação desse tipo de observação regular, pois a própria natureza apresenta à observação "bruta" *(gross)* numerosos exemplos de exercício de poder causal:

> Há uma enorme variedade, uma grande multiplicidade, de espécies de *ação e transação* que são diretamente observáveis em certos casos particulares e que são adequadamente descritos como causais, na medida em que são variedades de *fazer surgir alguma coisa*, ou de produzir algum efeito ou algum novo estado de coisas (STRAWSON, 1992: 115; *cf.* p. 116).

É indiscutível a validade dessa distinção strawsoniana no que diz respeito a nós, sujeitos humanos concretos, que sem dúvida nos encontramos às vezes perante casos do segundo tipo, além das vezes em que nos encontramos perante casos do primeiro tipo. Podemos por vezes observar um objeto que faz surgir outro, ou que faz acontecer um evento, em contraste com aquelas outras vezes em que só a cuidadosa observação de uma concomitância regular nos revela o poder ou disposição causal do objeto em questão. Mas a pergunta na qual queremos insistir em primeiro lugar não é acerca do que sucede conosco, sujeitos reais, e sim do que sucederia com nosso sujeito primevo por ocasião de sua primeira experiência dos poderes causais existentes no mundo. Cabe aqui perguntar: seria a «observação bruta» da natureza capaz de revelar-lhe uma disposição causal logo à primeira vez, na aurora de sua experiência, no mais primordial dos momentos da longa série de observações na qual vai depois assentar sua vida cognitiva?

Admitamos chamar "observação bruta" ou "observação direta", além da inspeção pelos sentidos das qualidades dos objetos descobertas por nosso sujeito primevo, também a constatação de que os objetos aparecem conjugados uns com os outros no decurso da experiência, no mesmo sentido em que a tradição humeana fala de "conjunção constante" mas considerando, por enquanto, apenas as conjunções singulares, observadas só uma primeira vez. O que em Strawson é definido como observação bruta do *fazer surgir* de efeitos só pode consistir, minimamente, na visão (ou no tatear, ou na audição, etc.) de objetos individuados de determinada maneira, possuidores de determinadas características observáveis, e que a experiência nos apresenta conjuntamente ou de forma conjugada, um a seguir ao outro. Nesse sentido, não parece problemático, numa primeira aproximação, admitir que um sujeito primevo faria desde o início observações brutas ou diretas de conjunções entre objetos naturais. Mas, pergunto, poderia ele, também logo desde o início, proceder à observação bruta e direta de casos de *fazer surgir*, de causação ou produção de efeitos pelos objetos visíveis? Haveria para ele, logo desde os primeiros instantes de sua experiência, a possibilidade de apreender alguma *causação visível*?

Para o senso comum, é uma violência negar essa possibilidade: é evidente para nós que basta ver desaparecer em um copo de água o açúcar que lá pusemos para *ver*, claramente visto, que a água tem a disposição ou poder causal de dissolver essa substância, e que basta sentir na mão a pressão de um ramo de árvore que empurramos, com maior ou menor esforço, para observar diretamente nosso próprio poder causal, nossa capacidade de esforço. A água tem poder para dissolver o açúcar, nós temos poder para empurrar objetos, e toda a natureza à nossa volta está semeada de objetos cheios de poderes e disposições para fazer surgir objetos e fazer acontecer eventos, num mundo em que nós mesmos somos uma das espécies de objeto natural existente. Mas isso é o que nos é mostrado por nossa experiência comum, e toda a experiência pessoal de que cada um de nós se consegue lembrar, por mais recuada que seja, é sempre e sem exceção uma experiência assente em mais experiência, é sempre um conjunto de observações que tomam como fundamento outras observações anteriores.

Mas o que aqui é relevante não é estudar a maneira como nosso conhecimento se pode ter formado, desde a mais tenra infância do sujeito humano, tarefa interessante mas que pode ser deixada à epistemologia piagetiana ou à moderna psicologia cognitiva. O que importa para a análise filosófica dessa questão da causação visível é o que poderia suceder a um sujeito cognoscente *em geral*, ao dar início a uma vida de experiências, e discutir o que poderia suceder com esse sujeito primevo poderá nos levar a alcançar o que pretendemos. É preciso, portanto, fazer um esforço para nos libertarmos dos impulsos do senso comum, e para colocar com seriedade a pergunta sobre a capacidade que poderia ter esse sujeito abstrato original para proceder a observações diretas das disposições causais dos objetos que constituem o mobiliário do mundo.

Talvez nossa primeira reação ao nos perguntarem, por exemplo, se o sujeito primevo seria capaz de observar diretamente o exercício de seu próprio poder causal, ao empurrar o ramo de uma árvore ou ao dar um pontapé numa pedra no chão, seja até mesmo de revolta perante a simples menção da possibilidade de uma resposta *negativa*. É natural que um sentimento de absurdo se apodere de nós, se nos pedirem que duvidemos de que o sujeito primevo logo "perceberia muito bem" que foi o impulso dado por sua mão que produziu o movimento do ramo, ou que foi o impulso dado por seu pé que causou o movimento da pedra. Mas não será esta uma conjectura injustificável, derivada de uma reação ingênua? Quais as *razões* que somos capazes de apresentar em apoio da hipótese de que nosso sujeito primevo teria, por sua vez, quaisquer boas razões para concluir imediatamente, da observação de um impulso seguido de movimento, que o segundo foi produzido pelo primeiro? Porque é só de boas razões que se pode aqui tratar, não de qualquer hipótese ou teoria acerca do que achamos que esse sujeito *faria de fato* em tais circunstâncias, guiado por qualquer reação instintiva. Se podemos ou não atribuir ao sujeito tais mecanismos inatos é precisamente uma das questões que podem ser discutidas a partir daqui, não alguma coisa que possa ser pressuposta ou dada como assente. Temos portanto a obrigação intelectual de pressupor que o sujeito primevo é guiado apenas pelo que costumamos chamar boas razões – fragmentos e exemplos da mais comum *racionalidade,* aquela mesma que somos obrigados a pressupor para iniciar a presente discussão.

A questão que proponho é a seguinte: será que um sujeito primevo poderia ter boas razões para, ao ter percepções, ou ao fazer observações, do tipo das exemplificadas há pouco, concluir que está assistindo ao exercício de poderes causais? *Nós* sabemos, ou julgamos saber, que é precisamente isso que ele está fazendo, porque para nós já está decidido que tanto temos poder para produzir movimentos por impulso como a água tem poder para dissolver várias substâncias, tal como o tem para sustentar objetos leves em sua superfície, ou para afogar certos animais que nela permaneçam demasiado tempo. Tudo isto são disposições causais, e parece-nos evidente que tanto nós como qualquer sujeito, incluindo o sujeito primevo, podemos observar diretamente o exercício ou manifestação de muitos desses poderes do mundo natural. Mas o problema filosófico interessante aqui é o de saber se o sujeito primevo sabe disso [...] e não se nós o sabemos. Porque é ao discutirmos o que se poderia passar com esse sujeito abstrato que podemos ter esperança de esclarecer a natureza do conhecimento dos sujeitos concretos que somos nós, e não estabelecendo confusões entre esses dois planos.

O que pretendo sustentar é que o sujeito primevo *não* teria boas razões de espécie alguma para considerar a observação de sua própria mão, no momento em que está fazendo alguma coisa se mover, como observação bruta e direta de poder causal, de seu próprio poder de fazer mover coisas por impulso, simplesmente porque – e é aqui, talvez, o momento para nova crispação nervosa do senso comum – ele não tem qualquer boa razão para atribuir o movimento ao impulso, para interpretar o fenômeno observado como um caso de ação causal de um "motor" ou "impulsionador" sobre um corpo que passa da imobilidade ao movimento. Porque tudo o que ele sabe é que está perante objetos individuados e com certas propriedades aparentes, e além disso sabe também que dois desses objetos, ou dos eventos que são esses objetos "em acção", apareceram em conjunção na sua experiência. Ele mesmo, corpo individual, empurrou outro corpo individual, e ao primeiro evento seguiu-se o segundo, ao impulso seguiu-se o movimento. E ele não sabe mais nada – a não ser que disponha de alguma *regra inata* para atribuir a essa sucessão o caráter de uma produção causal.

O presente argumento assenta, como é natural, em certos pressupostos. E não será menos natural que alguém recuse este argumento mediante uma recusa desses pressupostos. Mas tal recusa, para ser feita racionalmente, deverá ser feita, também neste caso, alegando *boas razões,* e não creio que Strawson as tenha sequer sugerido – boas razões para recusar nosso pressuposto comum da existência de uma rede conceptual mínima, própria do sujeito humano e independente da experiência, capaz de permitir a observação direta de objetos individuados e suas conjunções. Essa rede conceptual mínima, que está longe de constituir a estrutura de um sujeito *transcendental* mas que possui inegável caráter *inato,* inclui instrumentos para a observação bruta – bruta, ou direta, no sentido de não depender de mais nada além da própria rede conceptual mínima – somente de indivíduos (em sentido strawsoniano), qualidades e conjunções. A rede não inclui instrumentos para a observação bruta de poderes causais, e a observação bruta de *produções* simplesmente não é inteligível sem a compreensão dos poderes causais. Ou seja, se o sujeito não pode ainda apreender seu *poder* causal de gerar movimento por impulso, segue-se que a observação de qualquer impulso seguido de movimento no objeto impelido simplesmente não pode ser inteligível, na ausência de boas razões para que o seja, enquanto manifestação de um poder causal, como é óbvio, e portanto também não pode ser inteligível como exemplo de *produção* causal. O sujeito primevo só pode *saber* que o ramo ou a pedra foram impelidos por ele próprio depois de adquirir o saber prévio de que é possuidor do respectivo poder causal – por incrível e inadmissível que isto possa parecer ao senso comum, ou a Strawson.

Se admitirmos como digna de ser pressuposta a referida rede conceptual do sujeito primevo, deveremos dizer que as conjunções de objetos, bem como os objetos enquanto indivíduos e suas qualidades sensíveis, estão ao alcance da observação bruta e direta, num sentido "interno" – interno a essa rede conceptual. Desta mesma perspectiva, e não em sentido absoluto, devemos considerar diretamente observável qualquer conjunção desse tipo, mas qualquer observação de poderes ou produções causais só pode ser considerada uma observação, digamos, "inferencial" e não direta, pelo menos no caso do sujeito primevo. Por mais óbvio que possa parecer que as capacidades intelectuais desse sujeito teriam de o levar a saber, logo à primeira experiência, que foi o impulso dado por seu corpo que produziu o movimento do corpo impelido, essa obviedade, sustento eu, não passa de uma ilusão. O sujeito só poderá realmente ver esse fenômeno como uma produção depois de *interpretar,* mediante boas razões, a conjunção diretamente observada de modo a *destacá-la* dos milhares e milhões de outras conjunções que podem aparecer em sua experiência, sem que ele tenha quaisquer razões para interpretá-las como mais do que fortuitas, casuais e insignificantes, de um ponto de vista cognitivo.

Podemos aceitar que já há alguma interpretação de conjunções ou qualidades, e até mesmo endossar a tese wittgensteiniana discutida no capítulo anterior, de que "vemos à medida que interpretamos" (WITTGENSTEIN, 1968: 193), na medida em que nosso próprio esquema conceptual básico pode ser encarado como um "sistema de interpretação". É possível que outras perspectivas diferentes daquela que é típica do sujeito humano, com outros esquemas conceptuais, levassem à observação de outros indivíduos, outras qualidades e outras conjunções. Mas o sentido de nossa distinção entre observação direta e inferencial, ou entre observação bruta e interpretativa é, como vimos, somente interna, sem maiores pretensões metafísicas. O que seria metafísico, em um dos vários maus sentidos de um termo que certamente também os tem bons, seria atribuir, sem argumentos, ao sujeito humano uma capacidade para a visão bruta de poderes causais, sem qualquer interpretação além da aplicação de nossa grade conceptual mais elementar.

Para falar em observação bruta ou direta, como faz Strawson, e estou aqui procurando aceitar sem maiores reservas, é preciso assumir um certo patamar fundamental pré-inferencial e pré-interpretativo, o que é perfeitamente legítimo se todos os conceitos em jogo forem clarificados. Vimos que, no interior da rede conceptual que abrange os indivíduos, as qualidades e as conjunções, é claramente definido um sentido viável dessa expressão strawsoniana. Pudemos também acrescentar que, desta perspectiva, podemos falar de observação de produções causais, como pretende Strawson, mas apenas num plano inferencial e interpretativo superior ao primeiro, pelo menos no caso do sujeito primevo.

Para este sujeito, a princípio todas as conjunções só podem, racionalmente, ser tratadas como equivalentes, na ausência de boas razões para distinguir entre elas. Quais as razões, podemos perguntar, que ele teria para destacar como mais significativa a conjunção do *passo* que deu na superfície desse mundo onde é apenas um recém-chegado e do movimento de uma pedra no chão à sua frente, mais do que, por exemplo, a conjunção entre esse seu passo e o trinado de uma ave que ao mesmo tempo irrompeu não muito longe dali? Por que razões não deveria acreditar também que foi esse seu passo que "produziu" o canto da ave? Em que sentido, exatamente, se pode dizer que ele *observa* a produção do movimento da pedra e não observa a produção do trinar do pássaro? Qual o *critério* para estabelecer tal distinção? É preciso que haja *um* critério, caso contrário haverá uma decisão arbitrária e irracional, e uma infração do princípio de parcimônia, o qual veda também, além da multiplicação desnecessária dos princípios explicativos, o estabelecimento de distinções sem que haja um princípio para minimamente justificá-las.

O critério será, precisamente, um critério de interpretação, como é costume dizer. Quais as boas razões para separar, de todas as outras conjunções, essa conjunção como não casual nem fortuita, e como prenhe de significação cognitiva?

Tratar todas as conjunções observadas como, a princípio, igualmente insignificantes é o equivalente cognitivo da admissão de uma *conjectura:* a hipótese de que todas elas são fortuitas, casuais e acidentais, sem interesse para o conhecimento do mundo. Para que certas conjunções deixem de ser consideradas insignificantes é preciso que seja refutada ou desacreditada, em cada caso, a *hipótese da casualidade;* é preciso que seja descartada a possibilidade de que elas se devam apenas ao acaso (cf. Monteiro, 2003, cap. 6). Ora, não temos razão alguma para supor que o sujeito primevo seja possuidor de qualquer noção de acaso, mas é necessário que ele disponha de algum critério para rejeitar, em cada caso, a hipótese da casualidade, mesmo não sabendo do que se trata – caso contrário ele jamais poderia separar, da massa indistinta das conjunções diretamente observáveis, aquelas que vão merecer a classificação de "produções causais". Se o pensamento causal é de todo possível, não há como deixar de atribuir ao sujeito primevo, além de sua rede conceptual elementar, algum critério que torne possível aquele pensamento, distinguindo certas conjunções como não fortuitas, para com elas começar edificando uma imagem do mundo na qual haja uma ordem coerente, acima dos caprichos do acaso.

Podemos dizer que a atitude de indiferença do sujeito (o primevo ou qualquer outro) pela esmagadora maioria das conjunções que vai observando equivale a uma interpretação – uma atitude em que todas essas conjunções são interpretadas como insignificantes, em termos de "hipóteses de fortuidade" ou de acaso. Este é um primeiro nível de interpretação, situado no mesmo plano do esquema conceptual fundamental. E, se atribuirmos ao sujeito um critério para rejeitar essas conjecturas de casualidade, teremos um segundo nível de interpretação, no qual a inferência consiste no uso de boas razões, à luz de um certo critério, para deixar de considerar fortuitas algumas das conjunções observadas.

Strawson lançou seu conceito da observação bruta do "fazer surgir" intencionalmente contra a tradição humeana em epistemologia e metafísica, mas mesmo ele aceita como critério válido aquele que para Hume era o mais importante: a ocorrência da *repetição*, ou seja, a experiência repetida da mesma conjunção, ou de conjunções similares – o que vimos Strawson chamar "regularidades de associação", o fato de, na experiência, alguns membros de uma classe de objetos surgirem sempre ligados a membros de uma outra classe de objetos. A restrição de Strawson é apenas à aplicação *universal* desse critério, com o qual ele gostaria que seu próprio critério da observação bruta do fazer surgir partilhasse o território epistêmico. E é esse mesmo critério o único até hoje proposto para que um sujeito primevo se torne capaz de distinguir entre conjunções irrelevantes e conjunções *causalmente* significativas.

Em termos não humeanos, podemos dizer que a observação de conjunções repetidas é a fonte de todas as boas razões de que o sujeito pode dispor, nessa situação de "véu de ignorância causal" (com uma vênia a John Rawls), para rejeitar qualquer hipótese de casualidade a respeito de qualquer conjunção observável. Essa hipótese prevê que tal conjunção só volte a surgir esporadicamente, e se ela começar surgindo repetidamente a única atitude racional será considerar desacreditada (se não formalmente refutada) essa mesma hipótese. A partir dessa refutação informal, o descrédito em que foi lançada a hipótese da fortuidade da conjunção conduz à adoção da única hipótese restante, a de que se trata de uma conjunção causal, de um exemplo de causação ou produção: se, por exemplo, um movimento surge repetidamente após receber um impulso é porque foi este, e não o acaso, o que o fez surgir. E é a partir daqui que se pode observar o "fazer surgir" – mas à luz de uma interpretação, e não de modo bruto e direto. Como sabemos agora, ou julgamos saber, que foi o impulso que fez surgir o movimento, de cada vez que vimos um impulso seguido de um movimento, tudo se passa como se estivéssemos realmente observando a produção do segundo pelo primeiro. Mas nunca é demais insistir que isso é apenas uma ilusão cognitiva, uma espécie de "astúcia da causalidade".

A observação direta do fazer surgir, que para Strawson é uma espécie de concorrente do modelo humeano da causação, não pode, portanto, ter o papel que lhe é atribuído por esse filósofo em nada que diga respeito a um sujeito *primevo*. Mas sua argumentação aponta para a relevância desse tipo de observação no caso dos sujeitos *empíricos,* isto é, em nosso próprio caso, aplicado a nós que somos sujeitos humanos reais e concretos. E em nosso caso essa relevância não oferece dúvidas: certamente podemos muitas vezes ver a produção causal de um efeito, *assistir* ao exercício de poderes causais, por meio de "observações interpretativas". Mas, de entre os exemplos desse tipo, só são verdadeiramente relevantes aqueles em que a experiência é *singular,* porque nos casos em que se trate de experiências repetidas pode sempre haver a suspeita de que a verdadeira condição de possibilidade dessa observação seja a própria *repetição,* o que nos conduziria ao modelo do sujeito primevo e à negação sumária de qualquer validade ao argumento de Strawson, o que estaria longe de ser justo. Os casos interessantes são aqueles em que, observando um *novo* objeto, ou uma *nova* conjunção desse objeto com outros fenômenos, temos a possibilidade de formular imediatamente um juízo causal, identificando um poder causal antes desconhecido – talvez permitindo, portanto, tomar essa observação singular como uma observação direta de produção causal, do próprio *fazer surgir* do efeito.

Suponhamos que temos um metal para nós totalmente novo e desconhecido, e constatamos que ele risca uma determinada pedra preciosa que não conseguimos riscar com outros metais. Não apenas a interpretação correta desse fenômeno é que foi realmente o metal que riscou a pedra, conforme qualquer pessoa em seu perfeito juízo logo concluirá, mas além disso essa nova observação de um novo *fazer surgir*, sem precisar ser repetida nem uma só vez, é logo tomada como uma boa razão para esperar que no futuro esse metal continue sempre riscando essa mesma pedra. O que significa que, além de ser observação de uma produção causal, essa observação de uma conjunção única foi também observação do exercício de um poder causal, que antes era inteiramente desconhecido – são as duas faces de uma mesma moeda. É evidente o contraste com o caso do sujeito primevo, para o qual todas as experiências singulares são insignificantes, porque podem todas ser meramente fortuitas. Qual é a diferença? A diferença é o suplemento de experiência de que dispomos todos nós, sujeitos realmente existentes, um suplemento que nos torna possível subsumir as conjunções singulares, observadas uma única vez, como casos particulares de conhecimentos causais muito gerais e amplos, que derivamos da observação e do raciocínio causal que tivemos a oportunidade de fazer no passado, ou que recebemos como informação fidedigna de outros que tiveram essa experiência e fizeram esse raciocínio por nós (cf. MONTEIRO, 2003, cap. 3). Oportunidades essas que estariam fora do alcance do sujeito primevo, ao qual faltariam totalmente, quer um passado de experiências, quer a cooperação com outros sujeitos.

Desse passado e dessa cooperação, qualquer um de nós pode derivar o conhecimento de que, por exemplo, todos os fenômenos de metal riscando pedras preciosas se dividem entre dois tipos de *regularidade* (se é que isto não é apenas uma suposição): ou um metal pode riscar uma determinada pedra *sempre* e em todos os casos, ou então nunca consegue tal proeza (em circunstâncias padrão, é claro). Se uma dada classe de fenômenos apresentar mais do que essa "regularidade bifurcada", ou regularidade dividida entre dois casos, um positivo e outro negativo, isto é, se ela for inteiramente uniforme – como no caso de uma classe de metais onde todos, sem exceção, conseguem riscar uma certa pedra – então o que acontece é ser dispensada qualquer experiência de um metal novo e desconhecido com esse tipo de pedra, pois nem mesmo uma vez é necessária para que se conclua que, se todos os metais conseguem riscá-la, essa nova substância, que também é um metal, vai certamente conseguir o mesmo.

Se houver alguns metais que nunca risquem essa pedra, a uniformidade estará quebrada, e não será mais suficiente o mero exame ou inspeção do objeto para ver se ele é um metal, e depois aplicar a regra geral: apenas com essa inspeção não ficamos sabendo se esse metal pertence ao grupo dos que sempre riscam, ou ao dos que nunca riscam essa pedra. Mas basta uma só experiência, um só exemplo do metal *agindo* sobre a pedra para que, sem qualquer necessidade de experiências repetidas, se chegue à conclusão de que ele tem realmente o poder causal de riscá-la, simplesmente porque uma vez só bastou para excluir a hipótese de que ele pertença ao grupo "negativo" de metais, e portanto só resta a hipótese de que ele pertença ao grupo positivo, e impõe-se imediatamente a conclusão de que ele é daqueles que sempre riscam essa pedra.

Assim, a possibilidade de partir de uma única observação da conjunção de dois eventos – seja um metal friccionando uma pedra e o risco daí resultante nesta última, ou outro exemplo qualquer do mesmo tipo – para depois chegar à conclusão de que se trata de uma relação causal, depende sempre de conhecimentos anteriores acerca da classe de fenômenos de que se está a tratar. É preciso saber que a classe dos metais-riscando-pedra possui a regularidade de uma divisão em apenas dois grupos de fenômenos, o positivo e o negativo, e que nela não há exemplos do que seria o terceiro grupo, dos "irregulares", dos metais que algumas vezes riscam a mesma pedra e outras se recusam a fazê-lo, revelando um comportamento "caprichoso". Quando tal acontece, voltamos a uma condição próxima do sujeito primevo: só o recurso à experiência repetida poderá determinar, caso por caso, se cada nova espécie de metal é ou não capaz de produzir esse efeito, ou seja, se possui ou não esse poder causal.

Tudo isto revela que é apenas uma ilusão, desta vez não do senso comum, mas apenas de Strawson, a pretensa autonomia da noção de causação, sua suposta independência em relação à observação de regularidades, ou em relação à inferência causal assente na repetição. Se nós, sujeitos concretos, podemos assistir à produção de eventos, a partir da experiência de conjunções singulares, logo à primeira vez e sem observação repetida, é porque há uma classe ampla e geral a que o fenômeno pertence e cujas características de *regularidade,* experimentada e conhecida previamente, são o que permite essa ilusão de autonomia. A comparação de nosso caso com o do sujeito primevo evidencia suficientemente essa dependência. Se a observação bruta e direta de casos de *fazer surgir, ou* exercício de poderes causais, fosse possível independentemente da experiência repetida, ela deveria estar também ao alcance do sujeito primevo, aquele sujeito que está passando por suas primeiras experiências e não pode contar com o testemunho dos outros sobre aquilo que se passa no mundo natural.

É preciso, portanto, fazer justiça à intuição fundamental da epistemologia de Hume, do primado da experiência repetida em tudo *o* que diz respeito ao raciocínio causal, num argumento que utiliza, com outro vocabulário, o conceito do que no início deste capítulo chamei "sujeito primevo" (HUME, 1748: 120). Não é apenas *o* conceito de causa, ou a concepção da causalidade como relação, que depende da observação de regularidades; é também a noção de *causação* como produção que depende, em última instância, da experiência de repetição. Se conseguimos, às vezes, assistir ao espetáculo de uma causa fazendo surgir um efeito, é apenas graças a um *segundo* esquema conceptual que vem sobrepor-se ao primeiro esquema, graças ao qual qualidades e conjunções se tornam observáveis para nós. A pretensa observação bruta de Strawson tem como indispensável condição de possibilidade a interpretação causal, que por sua vez é tornada possível por esse segundo esquema.

Em primeiro lugar, foi preciso que o esquema conceptual do sujeito destacasse, da massa amorfa das conjunções detectáveis no mundo natural, algumas conjunções que sempre são consideradas, até prova em contrário, conjunções significativas e exemplos de produção causal. Mas até aqui o pensamento causal continua dependente da experiência de repetição para ir selecionando as conjunções que seria irracional continuar atribuindo ao acaso, e que devem ser consideradas como relações causais. Só depois de construir interpretações mais vastas e abrangentes, com a amplitude de grandes categorias de objetos, é possível que alguns novos objetos sejam descobertos, incluídos nas categorias caracterizadas por uma regularidade "bifurcada", e que a partir de uma só experiência sejam considerados possuidores de poderes causais, em proporção ao que é evidenciado por essas observações interpretativas. É só depois disso que podemos olhar para uma conjunção e *interpretar* o que vemos como sendo um objeto fazendo surgir outro, ou produzindo um evento. Tudo se passa como se a observação que Strawson supõe bruta e direta fosse uma espécie de artifício de nosso esquema de interpretação causal. Para a causação não há qualquer estrada real: as descobertas causais que estão comumente a nosso alcance não derivam de qualquer misterioso poder de apreensão imediata de que seríamos detentores. Ela faz sempre parte, em todos os casos, de um amplo sistema de interpretação construído mediante a busca de boas razões, a partir da experiência repetida e regular do mundo natural.

5. Realidade

I

Em *The View from Nowhere*, Thomas Nagel apresenta o seguinte argumento: 1) seria possível existir uma espécie de seres com capacidades superiores às nossas, os quais seriam capazes de compreender aspectos do mundo que são para nós inalcançáveis; 2) os membros dessa espécie superior, se existissem, nos diriam que há certas coisas no mundo real que nós, humanos, somos totalmente incapazes de compreender; 3) embora tais seres não existam, não deixa de ser verdade o que eles nos diriam caso existissem; 4) portanto, a existência de aspectos inatingíveis da realidade não depende da possibilidade de tais aspectos serem concebidos por sujeitos realmente existentes, como os sujeitos humanos (Nagel, 1986: 95 ss.).

Ou seja, no mundo que efetivamente nos rodeia, e não em qualquer imaginário mundo possível, há aspectos da realidade que nos escapam, e que poderiam ser apreendidos por seres superiores – os quais são concebidos, não como reais, mas obviamente apenas como *possíveis*. Não como "plausíveis", e muito menos como "prováveis", e nem sequer como "muito possíveis": apenas como possíveis, na pura acepção de não serem reais nem impossíveis. E o que merece ser salientado neste argumento é que esses seres desempenham aí o papel de *apreensores possíveis:* seres possíveis com certas capacidades de apreensão. Adiante veremos que serem ou não "superiores" pode ser encarado como secundário.

Uma das conseqüências desse argumento é que os aspectos do mundo aos quais pode ser atribuída *realidade* consistem apenas no que é apreensível – apreensível por qualquer apreensor possível. E convenhamos que o sentido que teria um aspecto qualquer do mundo real, uma parte da realidade, que fosse inacessível a qualquer sujeito possível, é no mínimo duvidoso. Quando Kant falava de "coisas em si", o sentido dessa expressão era relativamente nítido: o de entidades inacessíveis a qualquer sujeito *humano*. Inacessíveis, portanto, apenas para os sujeitos realmente existentes, e não para qualquer sujeito ou apreensor *possível*. Sendo assim, nada é inacessível a qualquer sujeito possível, e tudo o que é concreto e realmente existente pode ser concebido como acessível a um apreensor possível.

Não pretendo sugerir que essa seja a única concepção admissível da realidade. Apenas indicar que a concepção da realidade como apreensibilidade, para a qual "ter" realidade é simplesmente ter apreensibilidade, é uma concepção plenamente vigente em nossa cultura, a cultura que tornou possível o argumento de Nagel. "Apreensível" tem aqui um sentido amplo, irredutível a "perceptível" e termos equivalentes. Trata-se em geral de tudo aquilo em que possa consistir a apreensão de alguma realidade – observação, compreensão, entendimento, e o mais que caiba nesse conceito. Não digo que tenha de ser assim, apenas constatamos, creio, que é assim que os termos ligados ao conceito de realidade são usados e que é assim que concebemos essa questão, dados os esquemas conceptuais a partir dos quais pensamos o mundo e nossa relação com o mundo. Se para nós a realidade das coisas inclui também, além dos aspectos que podemos apreender, outros aspectos que só são apreensíveis por outros seres possíveis, embora tais seres não existam, é porque para nós, no interior de nosso esquema conceptual, realidade é apreensibilidade. É porque conceber – e de certo modo *conjecturar* – algo como real é simplesmente entendê-lo como podendo ser captado por algum apreensor possível.

II

Pretendo aqui examinar as conseqüências possíveis da aplicação dessa conjectura acerca da natureza do conceito de realidade a um dado número de questões, todas elas ligadas aos problemas do *realismo* em geral, de uma perspectiva ampla onde aspectos particulares mais notórios, como o do realismo *científico*, constituem apenas parte de uma problemática maior. Esse exame buscará sistematicamente a comparação entre essa perspectiva, centrada na concepção da realidade como apreensibilidade, e aquela filosofia que mais se dedicou, no fim do século passado, à discussão daquela problemática: a filosofia de Hilary Putnam. Não se nega relevância a outros olhares filosóficos que também têm sido lançados sobre essas questões, como os de Popper, Goodman, Quine e Davidson. Mas Putnam foi talvez aquele que mais sistematicamente discutiu esses problemas, e portanto aquele que melhor se presta a dar sua ajuda à presente investigação.

A filosofia de Hilary Putnam discute três formas de realismo: o realismo ingênuo, o realismo metafísico e o realismo "interno", que se opõem nitidamente entre si (PUTNAM, 1990: 113-4). Nessa filosofia também se fala de uma quarta forma de realismo, o realismo de senso comum, que Putnam pretende defender contra as ameaças do realismo metafísico, usando como arma o realismo interno, sua versão própria do realismo, ao qual às vezes chama "realismo pragmático" (PUTNAM, 1987: 17). O realismo ingênuo não se confunde com o realismo de senso comum, pois se resume à convicção de que o sujeito tem de se encontrar numa relação absoluta com o mundo (PUTNAM, 1990: 113), ou seja, resume-se à crença de que o mundo real consiste nas aparências que esse sujeito consegue apreender.

O que essa filosofia rejeita no realismo metafísico, e na perspectiva *externalista* própria deste, são sobretudo três teses principais: que o mundo é uma totalidade fixa de objetos independentes da mente; que existe uma única descrição coerente e verdadeira do mundo; e que a verdade implica algum tipo de correspondência *(id.*, p. 30; PUTNAM, 1983: 211 ss.; PUTNAM, 1981: 49 ss.; PUTNAM, 1988: 107). O realismo interno, ou pragmático, opõe-se a essa filosofia como um realismo onde a referência e a verdade não dependem de qualquer misteriosa relação de correspondência, mas são ambas internas a teorias (PUTNAM, 1990: 30). Putnam nega a legitimidade de falar de coisas em si, independentes de nosso espírito; para ele não tem sentido qualquer conjectura acerca de "entidades independentes da mente" (Putnam 1983, pp. 205 ss.).

III

Mas será que o realismo comum, aquele que Putnam sempre propõe que se escreva com letra minúscula, em contraste com a pretensiosa maiúscula do Realismo metafísico (PUTNAM, 1983: 16-7), ou seja, aquele realismo que vem embutido em nossa racionalidade comum, precisa ser substituído pelo realismo interno putnamiano, para que a humanidade seja salva das garras da metafísica tradicional? Houve um tempo em que Putnam atribuía grande importância ao que chamava "conhecimento prático", um conhecimento que não faz parte da ciência, mas é pressuposto pelo conhecimento científico, e faz parte de nossa racionalidade fundamental (PUTNAM, 1978: 123), ou seja, um espaço conceptual mais amplo que o das teorias científicas ou filosóficas, uma espécie de reserva ou manancial de racionalidade, ao qual é possível recorrer para a avaliação de outros esquemas conceptuais. Ele é também, sem dúvida, um esquema ou conjunto de esquemas conceptuais, e a possibilidade que aqui pretendo investigar é a de que, a partir dessa fonte, seja possível construir uma crítica do realismo metafísico independente da filosofia de Putnam, e que ao mesmo tempo essa fonte forneça argumentos capazes de esclarecer aspectos do realismo interno que têm deixado perplexos alguns comentadores. Hartry Field lamentou que Putnam não tenha deixado claro se seu realismo interno é alguma coisa mais do que metafórico (FIELD, 1982: 557), e posteriormente Guillermo Hurtado queixou-se do fato de ele ser sempre "desesperadoramente pouco claro" a respeito de sua caracterização positiva do realismo interno (HURTADO, 1992: 154).

Procurarei investigar essa possibilidade através de um exame pormenorizado do argumento de Nagel, argumento onde, a meu ver, se manifestam aspectos importantes de nosso conhecimento prático, precisamente no sentido de Putnam, e dos conceitos fundamentais que em geral nos servem para elaborar um grande número de concepções, ontológicas e epistemológicas, a respeito do mundo e do conhecimento do mundo. Procurarei também mostrar que esse argumento tem a força que tem porque assenta em pressupostos do realismo comum que só podem ser recusados sob pena de se cair em flagrante contradição. Esses pressupostos são os de nosso marco conceptual, mas recorrer a eles em nada se confunde com o que seria argumentar que em nossa cultura há certas *normas* que nos obrigariam a pensar desta ou daquela maneira – impor o que encontramos em nossa cultura, sem exame crítico da consistência do que assim encontramos, seria cometer o erro que Putnam chama "imperialismo cultural", seria postular uma "noção objetiva de verdade", entendida como aquilo que é conforme com nossa cultura (PUTNAM, 1983: 238 ss.), o que seria injustificado e impróprio de uma atitude crítica. O que se passa nesse caso é que o argumento de Nagel só se sustenta porque é *impossível* negar a possibilidade evocada, o que indica a força do *rationale* que se encontra subjacente a ele. Não se trata de uma norma cultural, trata-se de elementos necessários de uma estrutura racional, que é, talvez, a estrutura do realismo comum.

Examinemos com atenção o argumento. Se os referidos "seres superiores" realmente existissem, e tivéssemos provas de sua existência e de sua superioridade cognitiva, mas não recebêssemos quaisquer de seus conhecimentos teóricos – suponhamos que eles, por exemplo, se limitariam a fazer predições espantosamente exatas, dizendo que elas assentavam em seu conhecimento privilegiado de aspectos do mundo que nós somos incapazes de apreender – ninguém teria dúvida de que há uma parte dos aspectos do mundo que teria sentido para um esquema conceptual que não é o nosso, e que não teria sentido algum para nosso esquema conceptual.

Ou melhor, teria apenas o sentido de "os aspectos do mundo que os seres superiores conseguem apreender". Mas ao menos uma coisa saberíamos, acerca desses aspectos do mundo que eles apreenderiam e nós não conseguiríamos alcançar: que esses aspectos são *apreensíveis* para uma espécie de indivíduos, e para seu esquema conceptual, e que portanto os aspectos do mundo que não são *o que são* em função de nosso esquema conceptual também não são simplesmente uma massa informe. Tudo o que sabemos, ou podemos racionalmente conjecturar, é que eles têm a estrutura própria de um conjunto de *apreensíveis*, portanto é legítimo supor que há aspectos do mundo que não são incompreensíveis "absolutamente", ou "inefáveis em si" (o que não quereria dizer nada), embora sejam totalmente incompreensíveis *para nós*, nem devam seu significado a nosso esquema conceptual ou às teorias que explicitamente adotamos.

Como diz Nagel, agora basta imaginar que esses seres não existem, e perguntar se muda alguma coisa quanto à concepção da realidade aqui desenvolvida. Não muda nada, afirma ele. E creio que isso é difícil de negar – pessoalmente não vejo como seria possível negá-lo – e creio também que a "chave" da questão reside simplesmente na impossibilidade em que todos estamos, *a partir de nossos esquemas conceptuais,* de recusar essa resposta simplesmente afirmando a *impossibilidade* de que existam seres como esses. Não podemos dizer isso, provavelmente, por várias razões, apoiadas em vários exemplos concretos, entre os quais:

1) Os morcegos sentem com um "sonar", e o olfato de muitos animais alcança coisas que nós não alcançamos, o que nos impõe a conjectura de que há aspectos da realidade que nós não podemos apreender, mas que estão ao alcance de outras espécies de apreensores.

2) Entre diversas culturas, há aspectos que são realidade para uma e não são apreendidas pelos membros da outra, pelo menos durante algum tempo, às vezes muito longo. E não pode pretender-se que a realidade seja apenas o que cada cultura apreende, porque muitos "aculturados", por um lado, e muitos antropólogos adaptados às tribos que tomam como objetos de estudo, por outro, passam a *ver* realidades que não viam quando não dominavam essa cultura, portanto reconhecendo duas coisas: que para ver uma realidade é preciso um esquema conceptual, mas que essas realidades *estão lá*, esperando que alguém que não tem o esquema o *aprenda* – o esquema – e as *apreenda* – as realidades. "A

realidade do índio", ou "para o índio", de duas uma: ou é algo real que eles podem apreender, e nós podemos talvez *aprender a apreender* como eles, e com eles, ou então são ilusões, que não correspondem a nada de real, e também nesse caso nós poderemos vir a aprender [...] no caso, a explicar por que eles se deixam iludir por conjecturas errôneas ou incoerentes, e tomam aparências por realidades.

3) O próprio exemplo de Nagel – e este é o fator mais decisivo, e por si só fundamento suficiente – diz que seus seres superiores estão para nós como nós estaríamos para uma comunidade de pessoas com idade mental de 9 anos, as quais também não conseguiriam apreender muitas das realidades que nós apreendemos (NAGEL, 1986: 95). Pessoas assim existem, e são para nós o modelo "inferior" daquilo que seria uma espécie "superior" a nós.

IV

É portanto inegável que nós já concebemos a realidade em termos de *apreensibilidade*, também para apreensores realmente existentes, mas não só, porque também há realidades para apreensores possíveis. Se as não houvesse, seria impossível conceber os sujeitos de Nagel. Mas por que razões somos incapazes de admitir a hipótese de isso ser impossível?...

Esta possibilidade não pode ser negada, como mera possibilidade, tal como não podem ser recusadas as conseqüências dessa premissa. Dizer que é "provável" que esses seres existam, ou mesmo usar frases como "é bem possível que existam", seria mais próprio de ufólogos do que de filósofos. Mas a convicção de que tal é absolutamente *impossível* deveria, segundo creio, ter como um de seus fundamentos uma outra convicção: a de que todos os aspectos da realidade seriam passíveis de apreensão pelo sujeito humano. A partir daqui poderia alegar-se que, tudo sendo apreensível por nós, é impossível haver seres superiores capazes de apreender o que nós não conseguimos alcançar, simplesmente porque nenhum ser pode ser superior a nós, como sujeito de conhecimento.

Esta é sem dúvida uma questão ambígua. O que quereria exatamente dizer que tudo pode ser apreendido pelo sujeito humano? Tratar-se-ia de uma apreensibilidade de princípio, de uma possibilidade real, de uma probabilidade, ou de uma questão de definição filosófica? Aqui suponho que não há ambigüidade quanto ao sentido de "apreender" e "apreensão", tomados apenas como referidos ao que ocorre nos atos cognitivos evocados por Nagel, de maneira geral. Mas creio que em nosso conhecimento prático estão presentes esquemas tácitos, convicções profundas, que excluem a validade de um "argumento de impossibilidade" capaz de descartar o argumento de Nagel. Apesar dos desafios filosóficos feitos a tais crenças, elas estão e estarão conosco, como parte inelimável de nossos esquemas conceptuais, até que uma argumentação suficiente possa vir abalar esses esquemas. Não se trata apenas de "nossa cultura", mas das raízes inextirpáveis de nossa racionalidade.

Há nesse argumento uma certa circularidade, que não implica um vício lógico, mas mesmo assim precisa ser esclarecida. Já sugerimos chamar "apreensores possíveis" aos seres superiores que Nagel nos convida a imaginar, para a partir deles concluir que há aspectos do mundo que são reais, embora não possamos alcançá-los. Ora, a análise daquilo que em nossos esquemas conceptuais sustenta tudo isso parece indicar que, para admitir a possibilidade desses apreensores, é preciso admitir primeiro que haja os "apreensíveis" que eles são capazes de captar. Talvez tal efeito se deva ao caráter dos próprios conceitos de apreensor e de apreensível; tal como em outros pares de termos, "sujeito" e "objeto", por exemplo: um não tem sentido sem o outro, numa relação recíproca de doação de sentido e de consolidação de significado. "Apreensor" significa "capaz de captar um apreensível" e "apreensível" significa "capaz de ser captado por um apreensor"[...] Talvez ambos sejam conceitos disposicionais: ser um apreensor é ter a disposição ou capacidade de apreender e ser um apreensível é ter a disposição ou capacidade de ser apreendido. Seja como for, aqui o mais importante me parece ser que o argumento de Nagel, conforme sugeri, não pode ser recusado sem jogar fora aquilo que em nossos esquemas conceptuais o sustenta – ou seja, um "fragmento holístico" centrado na impossibilidade de negar a possibilidade (insistamos: apenas a possibilidade) de haver apreensores que apreendam o que para nós não é apreensível. Nos termos das conjecturas básicas de nosso realismo comum, *realidade é apreensibilidade* – e, como é inconcebível que nossa espécie já seja capaz de apreender tudo o que poderia ser apreendido, conclui-se que a realidade vai mais longe do que nossa esfera de conhecimento. Por isso são irrecusáveis os apreensores imaginários de Nagel.

V

Tudo parece indicar que concebemos a realidade nos termos sugeridos por esse argumento: é real tudo o que pode ser captado por um apreensor possível. De certo modo o fenomenalismo clássico, tal como o descreve Wilfrid Sellars (SELLARS, 1967: 215), não se demarca dessa posição básica tanto quanto possa parecer: sendo ele a concepção dos "objetos físicos" como "padrões de conteúdos sensoriais, reais e *possíveis*", a diferença consiste sobretudo na definição de *para quem* esses conteúdos são ou podem ser conteúdos, ou seja, como podem eles pertencer à classe dos *apreensíveis*.

Secundariamente, também há uma diferença quanto à natureza desses conteúdos, e portanto de seus modos de apreensão, pois o fenomenalismo visto por Sellars restringe-se à sensorialidade, e de nossa perspectiva trata-se da apreensão em geral de tudo o que possa racionalmente ser assim considerado, e não apenas da apreensão sensível. Mas a diferença fundamental reside na concepção dos apreensores desses conteúdos, que para Sellars e o fenomenalismo são exclusivamente os sujeitos humanos reais, e em nossa conjectura podem ser também estes últimos, mas quando se trata das entidades que não são estritamente *objetos* só podem ser apreensores possíveis. Sellars admite que os *apreensíveis* não sejam reais, que sejam apenas possíveis – mas não que também quanto aos *apreensores* se possa tornar esclarecedor distinguir o que é o caso quando eles são reais, e o que é o caso quando eles são apenas possíveis.

Tudo aquilo a que temos chamado os "apreensíveis", por falta de melhor termo, é o que na linguagem do realismo comum se chama de "realidades". A classe dos apreensíveis coincide com a classe das realidades, pois é real tudo o que pode ser apreendido, e tudo o que pode ser apreendido é real. E é assim simplesmente por ser inconcebível que algo seja apreendido, ou possa ser apreendido, sem ao mesmo tempo ser uma realidade. Quando não se está perante uma realidade, e se julga apreender alguma coisa, é porque se trata simplesmente de uma ilusão, e não há autêntica apreensão de realidade alguma. Com este realismo, nosso realismo comum, que é tacitamente adotado por muitas filosofias, vem entrar em conflito uma outra linha filosófica, que vai desde precursores do realismo científico como Demócrito até assumidos realistas científicos como Sellars. Desde o democritiano "na realidade há apenas os átomos e o vazio", até ao privilégio ontológico conferido por Sellars à "mesa científica" sobre a "mesa comum" – a realidade seria o que as ciências nos dizem, não o que é captado pelos sentidos (SELLARS, 1963: 32 ss.), há uma longa tradição, que de outro ponto de vista inclui toda a linha platônica, de desqualificação ontológica do apreensível mais próximo e óbvio, o *observável,* ou o *perceptível.* Não de todo o apreensível, pois também se apreendem relações matemáticas não sensoriais. Mas o argumento de Nagel se enraíza na tradição realista, e é da força dessa tradição em nosso marco conceptual que vai tirar toda sua força.

VI

Nada do que aqui fica dito poderia jamais pretender revelar alguma coisa sobre o "mistério do ser", ou contribuir para satisfazer a velha e humana curiosidade metafísica. Não se trata aqui de uma plena ontologia como "descrição do mundo". Trata-se de uma conjectura acerca da maneira adequada para falar da realidade e da existência, isto é, das pré-condições "ontológicas" entranhadas em nossos esquemas conceptuais, de uma maneira capaz de formar um sistema coerente, pré-condições que talvez só venham a ser substituídas se houver alguma modificação profunda nesse marco conceptual, a partir do qual pensamos o mundo em que vivemos, muitas vezes em implícita oposição à tradição "idealista". Na vigência dessas concepções fundamentais, é difícil evitar a conclusão de que dizer que alguma coisa é real é dizer que ela é, em princípio, apreensível.

Suponhamos que, além da espécie humana e da espécie de apreensores imaginada por Nagel, existe uma terceira espécie de apreensores que é "inferior" às duas primeiras em muitos aspectos, mas que apesar disso tem a capacidade de apreender muitos outros aspectos do mundo que nem nós nem os "seres nagelianos" somos capazes de alcançar. Se tal nos fosse comunicado, para além de qualquer dúvida razoável – e exemplos como o dos morcegos tornam isso plausível – teríamos de admitir que também faz parte da realidade tudo aquilo que nós e esses seres somos conjuntamente capazes de apreender. E com uma quarta e uma quinta espécie de apreensores ocorreria o mesmo, de modo que o que constitui a realidade é tacitamente concebido, em nosso marco conceptual, como tudo o que possa ser considerado um "apreensível", ou seja, tudo o que possa ser captado pelo conjunto de todos os apreensores possíveis.

Insistamos que nada disto tem qualquer alcance metafísico, em sentido tradicional, pois se trata apenas dos resultados da análise e da investigação de nosso mais básico marco conceptual. Sem dúvida, estamos muito longe do que o próprio Putnam chamaria uma "teoria coerente dos númenos" (PUTNAM, 1983: 226), ou de algo que se pareça com um sistema metafísico, nos termos do mesmo filósofo, para o qual um sistema metafísico teria de satisfazer uma pesada série de requisitos: "Um sistema metafísico terá de ser suficientemente rico para abranger o que é indispensável ao discurso, incluindo a referência e a justificação; e terá que vir acompanhado de algum esboço da maneira como podemos *ter acesso* à 'realidade metafísica'" (PUTNAM, 1990: 39-40).

Ora, o que aqui foi dito sobre apreensores possíveis, ou sobre realidades como apreensíveis, não é parte integrante de qualquer sistema metafísico no sentido de Putnam, e por isso em nada nos obriga a sequer tentar esboçar como se poderia *ter acesso* à realidade assim concebida. Em sentido putnamiano, a realidade assim analiticamente "achada" em nosso marco conceptual, como sustentáculo necessário do argumento de Nagel, em nada se parece com uma "realidade metafísica" – trata-se apenas de propor uma conjectura plausível acerca daquilo que, em nossos esquemas, significa "ser uma realidade". Trata-se simplesmente de tentar apontar o conceito de realidade que é comum ao autor do argumento e a todos nós que o compreendemos e aceitamos sua validade. Quem não quiser aceitá-la estará em seu pleno direito – apenas se lhe pedirá que indique sua concepção alternativa do sentido da realidade, e explique como ela se pode constituir enquanto hipótese coerente com o marco conceptual que essa mesma pessoa reconhece como seu.

Devemos lembrar, com Donald Davidson, que não se pode afirmar que toda a humanidade, ou todos os usuários da linguagem, "partilhem um esquema e uma ontologia comuns", nem tampouco se pode sustentar que eles se dividam por uma pluralidade de esquemas (DAVIDSON, 1986: 198). Não será discutida aqui a rejeição davidsoniana do dualismo esquema/mundo, o "terceiro dogma do empirismo" criticado por sua filosofia. Apenas se assinala que o uso de expressões como "marco conceptual" ou "esquema conceptual", na presente discussão, apenas denota uma conjectura razoável acerca da existência de uma estrutura racional de amplo uso, no interior da qual o argumento nageliano se torna irrecusável, devido ao uso que nessa estrutura se faz do conceito de realidade. Essa estrutura faz parte de nossa cultura, mas nada podemos dizer sobre sua possível "universalidade".

Não é indiferente tomar, como ponto de partida, um conceito de realidade com o sentido que tem o apresentado de nossa perspectiva ou um outro qualquer, por trivial que seja sua definição. Por exemplo, o conceito que derivamos do argumento nageliano se distingue, pelo menos em uma acepção relevante, de qualquer conceito de "realidade em si mesma". Esta expressão é apenas uma forma lingüística que entra em conflito com nosso esquema fundamental. Também não se confunde com qualquer conceito de coisa em si, ou de "pasta numenal" (FIELD, 1982: 561). Porque desta perspectiva não faz sentido falar de realidade em si, pois qualquer realidade é concebível unicamente como realidade *para* um apreensor possível – um apreensor que tampouco se confunde com um "olhar de Deus" em sentido putnamiano (PUTNAM, 1983: 211).

VII

Exemplo disso é a impossibilidade de nossa conjectura conduzir a concepções como a do, aliás severo, crítico de Putnam que é Hartry Field. No texto citado ele diz: "Admitamos que um ser com a perspectiva do olhar de Deus fosse capaz de recortar mentalmente a 'pasta numenal' usando como 'cortadores de pastéis' (PUTNAM, 1981: 49 ss.) conceitos muito diferentes dos que nós usamos; um tal ser jamais teria ocasião de fazer asserções existenciais incluindo nossos conceitos" (FIELD, 1982: 561). De nosso ponto de vista, jamais há ocasião para tais operações de "pastelaria transcendental", pois simplesmente não há massa amorfa alguma da qual faça sentido falar, não há qualquer "realidade existente" que seja transcendente à perspectiva de quem a apreende. Mais adiante investigamos a distinção entre o conceito de existência e o de realidade, de um modo que poderá esclarecer esse ponto. Mas desde já pode ficar assinalado que nem os termos de Putnam nem os de Field seriam aceitáveis em nossa "linguagem", pois nesta não há lugar para qualquer "olhar de Deus", sendo admissível apenas a perspectiva de cada espécie de apreensores. E sobretudo, quanto a Field, deve salientar-se que "outros apreensores" podem perfeitamente ter a capacidade de usar todos os nossos conceitos e mais os seus próprios, como é tacitamente o caso dos "seres superiores" de Nagel. Nem sua perspectiva é a da "verdadeira realidade" por detrás da "mera aparência" dos fenômenos ao nosso alcance, nem ela teria de carecer de conceitos e capacidades como as nossas, além de suas "faculdades superiores". Tal limitação poderia atingir seres possuidores dos "olhos microscópicos" imaginados por Locke, que comentaremos mais adiante, mas não aqueles que integram a perspectiva tácita do realismo comum.

Toda e qualquer realidade, como realidade *para*, é tão plenamente real como as outras, simplesmente porque é isso que "ser real" significa: poder ser apreendido, "em princípio", por um apreensor possível. O que evidentemente inclui também apreensores reais como os membros da espécie humana, caso este em que os apreensíveis passam a poder ser considerados *objetos*, numa conhecida acepção: a kantiana.

As realidades apreendidas por nós, sujeitos cognitivos humanos, são constituídas como objetos a partir de nossa estrutura específica de apreensores, ou seja, a partir das categorias que presidem à apreensão de que somos capazes – chame-se a essa apreensão *percepção, conhecimento, compreensão* etc. Na expressão de Putnam: "Os objetos não existem independentemente de esquemas conceptuais" (PUTNAM, 1981: 52). Mas as realidades que não podem ser efetivamente apreendidas, e portanto não constituem objetos de apreensão humana, nem de qualquer apreensor realmente existente, não deixam por isso de ser realidades, ou aspectos reais do mundo. Elas devem ser consideradas realidades se forem "apreensíveis", presas possíveis de atos de apreensão de apreensores possíveis.

VIII

A "teoria da referência direta" defendida por Putnam parece indicar uma aceitação tácita dos termos em que se apresenta a realidade "nageliana". Para Putnam, a referência das palavras de nossa linguagem é fixada, em parte, pelo ambiente não humano em que nos encontramos, e não apenas pelo ambiente lingüístico da comunidade dos usuários da linguagem. Supondo, com Putnam, que há no universo uma Terra Gêmea, onde tudo é igual à nossa menos o líquido que lá apresenta os traços fenomênicos da água, e que não tem a composição H_2O, mas uma outra composição XYZ, isso não constitui falsificação de nosso enunciado de que a água é H_2O. O que referimos com a palavra "água" é qualquer líquido com essa mesma composição de nossos exemplos paradigmáticos da água. Para quem for capaz de entender essa verdade científica, o líquido de composição XYZ existente na Terra Gêmea simplesmente não é água, mau grado sua semelhança fenomênica com a água. Nossas representações da água podem ser fenomenicamente idênticas às que os habitantes da Terra Gêmea têm de seu líquido, mas desde sempre nossa referência direta foi a referência à água, o líquido de composição H_2O, e a referência direta desses habitantes do outro planeta foi sempre referência, não à água, mas ao líquido de composição XYZ (PUTNAM, 1990: 108 ss.; PUTNAM, 1981: 18 ss.).

Supondo que os habitantes dos dois planetas só fizessem bastante tarde a descoberta dessa diferença entre H_2O e XYZ, mesmo assim, para Putnam, "a diferença na referência estava, por assim dizer, 'adormecida' na própria substância desde sempre, e teria sido despertada pelas descobertas científicas diferentes feitas pelas duas culturas" – a de que a composição da água é H_2O e a de que a composição do líquido do outro planeta é XYZ. De uma perspectiva como esta, não creio ser possível recusar, supondo que a respeito de um objeto comum qualquer, como por exemplo os tijolos, os seres superiores de Nagel – para passar dos "mundos possíveis" para os "sujeitos possíveis" – podem descrever entidades e aspectos que a nós escapam inteiramente (quer quanto a sua estrutura interna, quer quanto às manifestações ocorridas em sua "superfície"), que eles não se referem a uma *entidade* diferente da entidade a que nós nos referimos com a palavra "tijolo". Porque os tijolos são coisas reais, que têm como aspectos reais tanto as propriedades e relações que o sujeito humano consegue apreender, como as propriedades e relações (se não forem algo diferente de propriedades e relações...) que poderiam ser apreendidas pelos apreensores de Nagel. A referência a entidades não depende da aparição fenomênica que cada uma delas faz a seu apreensor, nem do conhecimento que um apreensor possa ter dos aspectos que podem ser captados por uma outra espécie de apreensores, ou aliás por qualquer outro apreensor de qualquer espécie. O caso é diferente do exemplo de Putnam, pois aqui a própria aparência se altera, de uma comunidade de apreensores para outra comunidade de apreensores. Mas a mesma concepção da referência direta aplica-se aos dois casos. No primeiro, a similaridade de aparência não impede a diferença na referência; no segundo, a diferença de aparência não impede a identidade da referência. E a mesma concepção, a mesma "ontologia fundamental" preside a ambas estas análises. O que podia estar "adomecido na própria substância" eram as *apreensibilidades* que, desde sempre, nela se encontravam à disposição de "seu" apreensor possível.

Tudo isso tem, voltemos a insistir, uma dimensão estritamente *limitada:* trata-se apenas, mediante a análise dos conceitos subjacentes ao argumento de Nagel, e com a ajuda de alguns conceitos filosóficos tomados de empréstimo (de Kant, por exemplo), de estabelecer o *sentido* de uma versão viável do realismo comum, conjecturalmente e no plano conceptual, quanto a certas questões de princípio, ou de significado, a respeito de alguns conceitos fundamentais. Sobretudo o conceito de "uma realidade", enquanto distinto da "existência" e do "ser", pode recortar-se com um perfil nítido, como o de um "apreensível", um aspecto do mundo que só é um aspecto do mundo *para* um apreensor possível, ou seja, da perspectiva que seria a desse apreensor. Como adiante veremos mais pormenorizadamente, o *existir* só tem sentido "em si", mas *ser* uma *realidade* só tem sentido "para" um apreensor.

Esta dimensão é limitada porque não tem qualquer alcance "cognitivo", pois trata-se de uma dilucidação de conceitos, de uma "descrição de princípio", e não de uma efetiva e autêntica descrição do mundo. Não se trata de ontologia, concebida como parte da metafísica. Nada aqui obedece ao que Putnam chama "o desejo de especulação metafísica", ou "o desejo de uma teoria acerca do mobiliário do mundo" (PUTNAM, 1983: 210). Trata-se apenas, digamos, de esclarecer o "vocabulário ontológico", do modo mínimo e mais básico. Não temos portanto aqui uma concepção realmente alternativa à filosofia de Putnam e a seu realismo interno. Mas temos uma fixação do sentido de alguns termos-chave, o sentido que eles têm na "ontologia mínima" do realismo comum, e torna-se possível, a partir desse sentido, a partir desses conceitos nitidamente definidos, tentar estabelecer um confronto entre o realismo comum e o realismo putnamiano.

IX

Da perspectiva do realismo comum, expressões como "realidade em si" são destituídas de sentido, mas tem todo o sentido dizer que as coisas *existem* em si mesmas. Esta diferença tem a ver com a gramática do verbo "existir", enquanto distinta daquela que governa o uso de termos como "real" e "realidade" quando atribuem propriedades ou identidades, e mesmo o uso do verbo "ser" em sua acepção predicativa, aquela em que ele é um "verbo de ligação", pedindo predicativo do sujeito, em contraste com os "verbos transitivos" que pedem objeto direto. Por um lado, é possível dizer às vezes que algo "tem realidade" no sentido equivalente a "existe", e nesse sentido podemos dizer que esse algo existe em si mesmo, porque "existir" é simplesmente perseverar de modo independente e autônomo, ou subsistir por si só, ou em si mesmo. Ou seja, existir (ou seus sinônimos) só tem sentido como existir em si mesmo, simplesmente porque não é concebível outro existir senão o existir em si mesmo. É assim que é usado o verbo intransitivo existir, e é assim que é usado o conceito de existência. Não há "existir para" – nesta acepção aqui analisada, e não, obviamente, na de "viver para alguma coisa" ou outras equivalentes. Lembra Hartry Field que não é legítimo pretender introduzir um sentido do verbo existir em que existir seja "dependente da mente", sem explicar exatamente esse sentido, e Putnam não o explica, nem têm sentido expressões como "existência fenomenal" (FIELD, 1982: 560-2), a qual também não parece ter sido explicada pelo filósofo.

Em contraste com isto, não é concebível qualquer realidade que não seja "realidade para" – realidade para um apreensor, real ou possível – pois é nisso que consiste "ser" alguma coisa, ou "ter" uma realidade: em ter propriedades, ou uma identidade, definíveis como apreensíveis. Deste ponto de vista, falar de "coisas em si" encerra a possibilidade de um equívoco, pois esta expressão, por um lado, aponta corretamente para entidades que *existem* autonomamente, mas por outro lado jamais poderia indicar entidades cuja realidade não fosse função de poderem ser apreendidas, ou seja, que fossem "em si" no sentido de não dependerem de qualquer apreensor possível. Simplesmente não é esse o sentido das expressões em que falamos do real e da realidade, expressões que só fazem sentido quando significam que tal ou qual aspecto do mundo é passível de percepção, ou intelecção, por um apreensor possível.

Inteiramente diferente é falar das entidades, ou aspectos do mundo, cuja realidade é autônoma ou independente em relação a qualquer apreensor *real*, a qualquer sujeito que exista ou já tenha efetivamente existido. A partir de nosso argumento inicial, facilmente se concebe o real sem qualquer dependência em relação a sua apreensão pelo sujeito humano, ou mesmo em relação à própria *possibilidade* de apreensão por esse sujeito, ou por qualquer sujeito efetivamente existente, no presente ou no passado. Podemos assim admitir que as coisas *existem* em si mesmas, no sentido apontado, mas não que elas têm uma *realidade* em si mesmas, pois esta segunda expressão seria perigosamente ambígua: não fica especificado se a asserção é de que essa realidade é independente do sujeito humano, ou de qualquer sujeito possível. No primeiro caso tal uso seria correto, mas no segundo caso seria destituído de sentido, conforme acima ficou visto. Seria totalmente ininteligível dizer que uma certa entidade tem uma *realidade* que não pode ser apreendida por apreensor *possível* algum. Em contraste com isso, não há qualquer problema em dizer que essa mesma entidade *existe*, existiu e existirá independentemente de sua apreensibilidade. Sem dúvida, não se pode esquecer que o que existe são realidades, e que nada senão realidades pode existir, nem faria sentido falar da existência do que não fosse uma realidade. São níveis distintos de nossa linguagem, ou de nossos esquemas conceptuais. De onde resulta que só tem sentido falar de coisas em si quando nos referimos a sua existência, como por exemplo se aceitarmos a ligação quineana desta à causalidade, mas não (ou não sem ambigüidades, que é preferível evitar) quando nos referimos a sua realidade.

Não há portanto razão para adotarmos uma "imagem subjetivista do mundo", contra o que Putnam considera a "imagem objetivista", que para ele é uma espécie de enfermidade filosófica cuja raiz se encontraria "na noção de uma propriedade 'intrínseca',

123

uma propriedade que uma coisa tem 'em si mesma', independentemente de qualquer contribuição feita pela linguagem ou pela mente" (PUTNAM, 1987: 8). Não somos obrigados a nada como a escolha aqui sugerida, entre "objetivismo" e "subjetivismo", como estamos procurando mostrar, e esperamos se torne mais claro no resto desta exposição.

X

Se passarmos agora ao confronto entre a concepção da realidade tacitamente presente no realismo comum e o realismo metafísico tal como é entendido por Putnam, abrangendo praticamente todas as filosofias anteriores a Kant (PUTNAM, 1981: 57), creio que vamos deparar com uma forte incompatibilidade, embora talvez ela não se manifeste em todos os pontos relevantes. Por um lado, a tese de que há aspectos da realidade que são independentes de nossa capacidade de apreendê-los, mas não independentes de qualquer apreensão possível, é uma tese que já vimos não ser parte integrante de qualquer sistema metafísico, mas apenas peça de uma "ontologia minimalista" onde apenas se delineia aquilo em que deve consistir uma realidade para poder ser contada como uma realidade, mas sem qualquer tentativa sequer de dar exemplos concretos do que aí se entende como realidade, ou das maneiras como se poderia alcançar a realidade. Talvez tenham razão os que sustentam que isso é tarefa exclusiva das ciências. Por outro lado, toda concepção ligada a essa tese entra em conflito com as três teses do realismo metafísico, conforme veremos agora.

Em primeiro lugar, a tese metafísica segundo a qual o mundo é uma totalidade fixa de objetos independentes da mente apresenta, da perspectiva do realismo comum, três discrepâncias principais, uma delas mais "verbal" e as outras mais filosóficas. Do lado mais verbal, a crítica ao realismo metafísico lembraria que mais exato do que dizer que o mundo é constituído por objetos – mesmo que se especifique tratar-se de objetos físicos – será dizer que o mundo é constituído por "entidades", ou então, numa linguagem mais tradicional, simplesmente dizer que ele é constituído por "coisas". Para que se torne possível esclarecer que algumas entidades, que têm suas propriedades ou relações apreendidas por apreensores ou sujeitos realmente existentes, são por essa via constituídas como objetos – enquanto os aspectos do mundo que são inalcançáveis para nós, aspectos que são tão reais como os objetos, mas não são objetos neste sentido, são aspectos de coisas ou entidades cuja realidade pode ser captada por apreensores possíveis.

Uma discrepância mais estritamente filosófica, entre o realismo metafísico e a "ontologia mínima" do realismo comum, tem a ver com o tratamento das entidades como "independentes da mente". Deve estar agora bastante claro que as entidades que constituem o mundo são independentes da mente, enquanto *não-objectos*, na medida em que não dependem do sujeito humano para serem reais – nem para tal dependem de qualquer apreensor real e efetivo, embora dependam dos apreensores possíveis, e só possuam realidade "para" estes últimos.

Uma outra discrepância diz respeito à noção de "totalidade fixa". Da perspectiva adotada, o mundo *não* pode ser considerado uma totalidade fixa de entidades, pois estas constituem-se como conjuntos de propriedades que podem ser apreendidas por todas as espécies possíveis de apreensores. Aos "indivíduos" que são esses conjuntos de propriedades, são atribuídas diferentes *identidades* por cada espécie de apreensor, e cada uma dessas identidades estabelece com as outras certas relações, que podem ser apreendidas pelos diferentes apreensores, relações essas que, juntamente com as propriedades, são predicadas de cada uma das entidades por cada uma das espécies de apreensor. Tais entidades *existem* independentemente de qualquer apreensor, real ou possível, pois como vimos é nessa autonomia que consiste o existir, mas não podem ter cada uma sua realidade, independente de qualquer apreensor *possível,* embora possam tê-la independente de qualquer apreensor *real.* Assim, a realidade do mundo, enquanto distinta de sua existência, numa distinção trivialmente analítica, e inconfundível com qualquer "separação", não pode ser independente das espécies possíveis de apreensores, e de seus possíveis atos de apreensão de propriedades, identidades e relações. O mundo é a totalidade das entidades apreensíveis por todos os apreensores possíveis, e essa totalidade é *indefinida,* sendo inviável afirmar que ela é fixa: a combinatória resultante de todos os atos passíveis de apreensão não permite tal tese metafísica, convidando-nos a pelo menos admitir a possibilidade da indefinição intrínseca daquela totalidade.

Em segundo lugar, nossa conjectura também é incompatível com a tese metafísica de que há uma única descrição coerente e verdadeira do mundo. Não pode haver tal descrição única, pois cada espécie de apreensores possíveis, a partir de sua perspectiva, faz sua própria descrição do conjunto de "seus" apreensíveis, descrição dotada de sua coerência interna e, se e quando verdadeira, verdadeira *internamente* a essa perspectiva. Impõe-se um pluralismo que não deixa de evocar aquele para o qual Putnam também se inclina (PUTNAM, 1987: 19 ss.). Haverá tantas descrições verdadeiras e coerentes do mundo, enquanto descrições *possíveis,* quantas foram as espécies de apreensores possíveis.

Em sua crítica a *Razão, Verdade e História* de Putnam, Hartry Field apresenta um argumento semelhante, que tal como em Nagel assenta na suposição de "outros seres": "Seres diferentes de nós poderiam usar predicados com extensões diferentes de qualquer coisa facilmente definível em nossa linguagem, ou cujas extensões diferissem de qualquer coisa *de todo* definível em nossa linguagem; mais ainda, sua linguagem poderia não ter quaisquer predicados, mas dispositivos referenciais de tipo radicalmente diferente". Portanto não faz sentido dizer que há exatamente uma única descrição verdadeira e completa do mundo (FIELD, 1982: 553 ss.). Note-se que Field apresenta seu argumento como se fosse dotado de validade universal, e não apenas como válido para nosso realismo comum. Mais modestamente, limito-me a reiterar que na conjectura aqui proposta também não há lugar para aquele mesmo "olhar de Deus", o ponto de vista divino e abrangente rejeitado por Putnam.

Por último, um ponto onde a discrepância é talvez atenuada, pois há lugar em nosso modelo para um conceito de correspondência, embora uma correspondência concebida como *constitutiva* tanto dos apreensores como dos apreensíveis, em sua relação recíproca. O ato de apreensão *corresponde* à propriedade ou identidade apreensível simplesmente quando há lugar para um ato de apreensão – e sem tal correspondência não há ato, nem apreensor, nem qualquer apreensível que faça sentido. Mas não se trata de uma correspondência *paradoxal,* a exigir um ato de apreensão do apreendido ou apreensível, por um lado, e por outro um ato de apreensão do próprio ato, para num terceiro momento realizar um terceiro ato, um ato de "verificação" da correspondência eventualmente existente entre o primeiro e o segundo – podendo este segundo ser, alternativamente, o *resultado* do ato, sem que o argumento mude se for esse o caso. Assim, se houver lugar para um conceito de correspondência em nossa perspectiva, não será um conceito identificável com a correspondência postulada pelo realismo metafísico criticado por Putnam.

A perspectiva do realismo comum é compatível com a crítica ao realismo metafísico que consiste na alegação de que "não pode ser apontaada uma correspondência entre nossos conceitos e os supostos objetos numenais sem ter acesso aos objetos numenais" (PUTNAM, 1981: 73). Daquela perspectiva, também não há objetos numenais, e no plano cognitivo ou epistemológico ela aceita tanto como Putnam o "perspectivismo" de nosso conhecimento – a herança de Hume e Kant (MARQUES, 1993: 10-1). Mas *conceptualmente*, no plano dos princípios que regem "o que pode ser dito de um ponto de vista ontológico", o conceito de correspondência é simplesmente o de uma relação possível entre apreensor e apreensível, na medida em que podemos dizer, ao imaginar qual é a relação possível entre os "seres superiores" e os aspectos da realidade que estão aí ao nosso redor, mas que só eles, talvez, poderiam apreender e compreender, que haverá uma correspondência entre cada ato de apreensão e cada apreensível sempre que este último for *apreendido sem erro*. E é evidente que esse erro só poderia ser definido dentro do esquema conceptual da espécie de apreensores que fosse o caso, não do nosso. Dessa perspectiva, devemos distinguir duas coisas, que não formam um "contínuo" e que estão separadas por uma autêntica "dicotomia" (PUTNAM, 1987: 27), como se verá em seguida.

XI

Uma "correspondência entre nossos conceitos e os apreensíveis que não são objetos" não apresenta os mesmos problemas que o apontado por Putnam, porque os apreensíveis não são "objetos numenais" – ao mesmo tempo que também não são, como vimos, "objetos kantianos" – ou podemos dizer simplesmente que essas entidades e aspectos do mundo não são *concebidas* como objetos numenais ou "realidades em si mesmas". A partir disto, a dicotomia a frisar é entre a "correspondência de nossos conceitos *ontológicos*" e as entidades que não são objetos e o que seria (e é o que Putnam sem dúvida tem em mente) uma hipotética "correspondência entre nossos conceitos *epistemológicos,* empíricos etc." e as entidades que não são objetos. No segundo sentido, Putnam evidencia nesse texto uma coerente posição *crítica,* na medida em que o conhecimento só é possível no interior de um esquema conceptual – seja uma "natureza humana" ou um "sujeito transcendental". E uma posição que também é crítica do kantismo, pois, para o realismo interno, "não sabemos do que estamos falando quando falamos de 'coisas em si'" (*id.*, p. 36). Mas, quanto ao modo como, em princípio, é legítimo formular o problema dessas entidades que estão para lá do mundo dos nossos objetos, essa sua perspectiva me parece simplista e insatisfatória.

A perspectiva em favor da qual se organiza a presente argumentação poderá ser considerada complementar da filosofia de Putnam, se conseguir esclarecer pontos deixados obscuros por essa filosofia, ou poderá ser considerada contrária a Putnam, se tiver alguma faceta incompatível com o realismo interno desse filósofo. Creio que um confronto cuidadoso revelará que *ambos* esses tipos de juízo têm a sua razão de ser. Por exemplo: Putnam denuncia como um grave erro filosófico a suposição de que a pergunta "Quais são os objetos reais?" seja uma pergunta que faça sentido "independente de nossa escolha de conceitos" *(id.,* p. 20).

Ora há um sentido dessa suposição em que ela é exatamente uma das suposições subjacentes a nossa perspectiva, e um outro sentido em que a mesma suposição (se ainda for a mesma) só tem vigência no interior do realismo *científico,* e é tão fortemente descartada por nossa perspectiva como pela de Putnam.

Se o termo "objeto", nessa mesma suposição, tiver o sentido "kantiano" acima indicado, certamente haverá que aplaudir a resposta putnamiana: não há objetos a não ser *para*, e no *interior* de, um esquema conceptual. Não faz sentido, neste caso, atribuir à pergunta pelos objetos reais qualquer sentido independente da escolha de conceitos – sejam eles os de um "sujeito transcendental" ele mesmo realmente existente, sejam eles os de uma *episteme* culturalmente diferenciada, historicamente dada e partilhada por uma determinada comunidade. Mas se a mesma suposição se referir às entidades ou coisas que, no mesmo sentido, não são objetos, teremos de distinguir, nesse plano dos "princípios ontológicos", duas questões diferentes.

Se a pergunta disser respeito ao plano "transobjetual", ou "transfenomênico", da realidade, se ela for uma pergunta como "Quais são as realidades do mundo?", a resposta deverá ser diferente da anterior. Nesse caso, é evidente que não é um erro, muito pelo contrário, admitir que a pergunta faz sentido "independente de *nossa* escolha de conceitos". Se se trata de entidades que só têm sentido enquanto apreensíveis por outros que não nós, fica claro que nossos conceitos não têm como nem por quê intervir. Mas tal não implica de modo algum que se trate de uma "realidade em si" – este sim, como vimos, um pseudoconceito destituído de sentido – pois trata-se de uma realidade *para* uma espécie possível de apreensores, para a qual ela *é* uma realidade, e *aquela* realidade que é. Se a pergunta for tomada em sua generalidade de princípio, a resposta é que as realidades do mundo são as entidades e propriedades que são realidade para apreensores possíveis. Se outras pretensas realidades nos forem propostas, nesse patamar ontológico, e nos disserem que elas são – para todo apreensor possível – realidades *absolutamente* impossíveis de apreender, a resposta, da perspectiva aqui adotada, é que isso é uma falsidade e um despropósito. Mas de modo algum é um erro dizer que essas realidades, as que não podemos, nós apreensores humanos realmente existentes, conhecer como objetos, fazem sentido independentemente dos nossos pobres conceitos.

XII

Há ainda uma terceira possibilidade, um sentido da pergunta que se presta a receber como resposta que as realidades do mundo são, obviamente, as *existentes*. Mas isto não passa da reiteração de uma verdade *analítica:* aqui, "realidade" *quer dizer* "realidade existente", embora conceptualmente a existência e a realidade possam e devam ser distinguidas. Neste caso, a pergunta e a resposta adquirem sentido em função de nossos conceitos, mas não são os conceitos acerca daquilo em que consiste ser real, e sim os que distinguem o uso desses dois termos. Este terceiro aspecto, uma vez que foi apontado, pode ser deixado de lado. O que tem interesse para esclarecer as ambigüidades putnamianas é o contraste entre os dois primeiros.

E para as conseqüências desse contraste não vejo escapatória. Das duas uma: ou a denúncia putnamiana do "erro objetivista" diz respeito apenas àquelas entidades que são *objetos,* e sua tese é impecável, mas estritamente *epistemológica,* ou então ela diz respeito às entidades em geral, incluindo aquelas cuja realidade, ou parte de cuja realidade, depende apenas da apreensão possível de outros que não os membros da nossa espécie de apreensores, ou qualquer outra efetivamente existente, e nesse caso sua tese está bem longe de ser impecável. Para ter razão, Putnam deve restringir-se a um espaço cuidadosamente epistemológico. Como aparentemente sua filosofia tem também pretensões ontológicas, receio que, na própria medida em que as tem, caia também em sérios problemas, apesar da relativa convergência, contra o realismo ingênuo e contra o realismo metafísico, e sem cair no relativismo nem no subjetivismo idealista, que esta nossa conjectura, a partir da qual temos procurado mostrar suas deficiências, tem com a filosofia putnamiana.

Os resultados do confronto entre o realismo metafísico e nossa perspectiva não conduzem, apesar de também contrários ao mesmo realismo metafísico combatido por Putnam, a uma convergência completa com a proposta à qual este filósofo chama "realismo interno". Proposições às quais ele recusa validade, porque as toma nos termos do realismo metafísico, podem adquirir outro estatuto a partir de nossa perspectiva. Por exemplo, dizer que um enunciado como "há pontos de espaço absolutos" é um enunciado verdadeiro implica, segundo Putnam, um uso da palavra "verdadeiro" que não combina com qualquer noção de suporte ou sustentação que realmente tenhamos, ou da qual se possa imaginar que esteja na posse de "qualquer ser com uma natureza racional e sensível" (PUTNAM, 1990: 41 ss.). Putnam já havia declarado antes disso que não considerava filosoficamente problemático falar de "seres capazes de verificar teorias matemáticas e físicas que nem sequer conseguimos começar a entender (mas que têm cérebro e sistema nervoso)" *(id.,* p. 40), ou seja, admite que se fale em algo como os "seres superiores" de Nagel (PUTNAM, 1987: 14). Ora é correto dizer que não temos conceitos que legitimem falar de *absolutos,* como os pontos de espaço-tempo – mas em termos de nossa "ontologia realista" é válido falar de entidades cuja existência e realidade sejam independentes do conhecimento *humano*. É inconcebível que a realidade de algo como pontos de espaço-tempo, ou de seja o que for, não dependa da possibilidade de vir a ser apreendida por um apreensor, mas como vimos este pode ser encarado como apenas possível; e esta dependência torna despropositado dizer que eles são absolutos, ou falar de qualquer realidade absoluta. Sob este aspecto há convergência com Putnam. Mas a *realidade* deles não depende de *nossa* perspectiva, ou de qualquer perspectiva realmente existente, e sim de uma perspectiva possível. Sem dúvida que em termos epistemológicos a alegação de Putnam é irrecusável. Mas o sentido mais profundo de uma realidade como essa não tem de ser *concebido* – "concebido" enquanto contrastando com "conhecido" – como um sentido *interno* a nossa perspectiva, ou as nossas teorias – embora ele deva ser concebido como interno, em princípio, à perspectiva que o tornaria possível.

Nada se opõe, portanto, em nossa conjectura, a que a *realidade* dos pontos de espaço-tempo seja vista como "absoluta" em relação às teorias efetivamente existentes, e aos sujeitos dessas teorias, e às perspectivas paradigmáticas em cujo quadro elas surgem e evoluem. Desde que se deixe claro que ele deve forçosamente ser considerado relativo, como conceito de um tipo de entidade real – relativo à perspectiva de seu respectivo apreensor possível. Putnam tem razão ao objetar aqui ao uso do termo "absoluto", mas o que lhe dá razão é a extrema ambigüidade desse termo, colocado no contexto "nageliano" aqui proposto, e não os argumentos do realismo interno. Quanto à *existência* dessas entidades, ela será a única coisa que a existência pode ser, como vimos – "absoluta" enquanto autónoma, e impensável como dependente de algo exterior a ela mesma. Também aqui nada temos que dependa "internamente" de qualquer sistema teórico efetivamente existente. Certamente há vários outros aspectos desse conceito, bem como da asserção da existência de pontos de espaço-tempo, mas esses são aspectos *epistemológicos* – como o de saber se é plausível *afirmar* que há pontos de espaço-tempo – e não problemas ontológicos de princípio – como o de saber de que modo os devemos *conceber* no plano do possível e do princípio.

Esses problemas epistemológicos têm a ver com a legitimidade científica, ou a plausibilidade empírico-teórica, de conceitos como esse, bem como das proposições onde são utilizados os termos que lhes correspondem, diante dos critérios epistémicos admitidos pela comunidade científica que os vai julgar, e pela cultura global em que se insere a teoria, ou por qualquer cultura historicamente existente que os venha a julgar no futuro. Não são problemas de princípio –

desde que não se viole a regra de bom senso ontológico de nunca afirmar de qualquer conceito que a realidade à qual se refere, que é seu "referente teórico", é uma realidade independente de qualquer apreensor possível.

A realidade dos pontos de espaço-tempo, como qualquer realidade, não tem em princípio de depender, para sua possível verdade ser *concebida*, de qualquer conhecimento ou perspectiva de sujeitos humanos reais, embora deles dependa para poder pretender ser "conhecida" – ou para ser uma teoria defensável ou plausível. Em princípio, tais conceitos precisam apenas de corresponder a algo que se possa conceber como fazendo parte dos *apreensíveis,* dos aspectos do mundo que podem ser captados por algum apreensor possível. O que manifestamente está implícito no uso teórico que de tais conceitos se faz em algumas ciências. O resto é epistemologia.

XIII

Sem dúvida, nosso acesso ao mundo só se dá através de nosso discurso – é a melhor conjectura de que dispomos – e comparar esse discurso com as coisas como são em si mesmas veio a adquirir o estatuto de um "ato misterioso", como diz ainda Putnam (PUTNAM, 1990: 121). Mas a "ontologia dos apreensíveis" integra nosso discurso, no quadro de nosso marco conceptual, tão eminentemente como qualquer outro de seus aspectos, e talvez mais centralmente do que muitos outros: é como se fosse o próprio discurso a apontar para além de si mesmo, a esclarecer que, mais longe do que ele alcança, fica o domínio de uma realidade mais longínqua do que a dos objetos, uma realidade que não tocamos com os dedos, mas que é indispensável conceber com nitidez, para que nosso marco conceptual no seu conjunto faça sentido, e dê sentido ao que se diz em seu interior.

Qualquer discurso sobre "as coisas como são em si mesmas" é desqualificado por nossa perspectiva, tal como pela de Putnam, embora não precisamente, de nossa perspectiva, à conjectura de que elas existem como apreensíveis, para apreensores possíveis diferentes de nós que somos reais. E assim será até que possa surgir um consenso em torno do *fato* da apreensibilidade *real*, e não apenas possível, de tais entidades. Não que de tal necessitem para ser legítimo supor sua realidade; mas tal é indispensável para validar a asserção de que são também *objetos*. Quanto a outras questões epistemológicas, como a de saber se devemos aceitar um "paradigma observacional", ou um "paradigma científico" (em sentido mais amplo do que o kuhniano, como se tornou comum usar-se), são questões que é forçoso deixar aqui de lado. Tudo depende da concepção que for adotada quanto à relação entre *apreensibilidade* e *objetividade*.

XIV

A perspectiva aqui desenvolvida, segundo creio, está fora do alcance de acusações de incoerência como as dirigidas a Putnam por seus críticos. Para Hurtado, por exemplo, a incoerência do realismo interno é estabelecida no jogo entre a tese da impossibilidade de existir um mundo sem atividade conceptualizadora, de um lado, e de outro lado a afirmação de que, afinal, há uma realidade independente da mente, com a ressalva de que esta última é "absolutamente indeterminada". A conclusão de Hurtado vai ser que "o realismo interno precisa oferecer uma descrição da realidade independente da mente, e isso equivale a contradizer sua própria posição, pois descrever algo e dizer que algo é o caso é indicar suas determinações (HURTADO, 1992: 154, 156 e 160) – e esta última indicação seria inadmissível para Putnam fora de algum marco conceptual.

Ora em face do argumento de Nagel fica bem claro que qualquer realidade "independente da mente" pode ser concebida, pelo menos em nosso próprio marco conceptual, em termos de apreensibilidade – o que afasta a idéia de "absoluta indeterminação". Não seria totalmente exato dizer, como Hurtado, que "todas as determinações ontológicas são fornecidas pelos esquemas conceptuais" *(id.,* p. 154). As realidades que poderiam ser apreendidas pelos seres superiores de Nagel, e que para nós são inacessíveis, só teriam sentido se ordenadas e enquadradas por "esquemas conceptuais", mas seriam os esquemas conceptuais desses apreensores, e não os esquemas conceptuais humanos. Não se trata de esquemas conceptuais reais – pelo menos para nós trata-se apenas de esquemas conceptuais possíveis. São apenas possíveis, mas em termos deles podemos conceber a realidade como estando muito longe de ser "absolutamente indeterminada", pois o que ocorre é simplesmente e apenas que não sabemos como ela pode ser determinada. As determinações daquela realidade que para nós fica além do mundo visível dos objetos são as determinações dos esquemas conceptuais de seus apreensores possíveis – e onde não estiverem estes não é possível que esteja realidade alguma, em qualquer sentido inteligível do termo. Não há aqui, portanto, qualquer perigo de se cair naquelas incoerências que, ao que parece, espreitam o realismo interno.

Se Putnam tivesse declarado com exatidão que o que é "independente da mente" de qualquer apreensor, real ou possível, é meramente a *existência* do mundo concreto, tal asserção seria compatível com a tese da dependência da *realidade* das coisas, em relação à conceptualização *possível ou real* dos apreensores em geral. Nem a existência nem a realidade dependem propriamente das "mentes", no sentido das mentes humanas realmente existentes, pois apenas os *objetos,* no sentido indicado, estão nessa situação de dependência. Mas Putnam não parece ter-se esforçado por tornar precisas essas questões nesses termos, e portanto podemos concluir, provisoriamente, que é provável alguma falta de rigor de sua parte ter gerado a perplexidade de seus críticos. Pelo menos no caso de Hurtado.

XV

Um outro crítico, Mauricio Beuchot (BEUCHOT, 1992: 108, 109, 111), parte da concepção putnamiana da verdade como *epistêmica,* "ou seja, relativa a nossos marcos conceptuais". Beuchot assinala que pelo menos as classes naturais não podem ser relativas, pois se todas as classes fossem construídas a partir de marcos epistêmicos todas elas seriam "artificiais". O conhecimento das classes naturais não pode, alega ele, ser "relativo a teorias", não pode ser "epistêmico" – segundo Beuchot, "é um setor que está livre".

Mas que sentido pode ter um conceito como o de "realidade livre de qualquer marco conceptual"? Recorramos mais uma vez aos pressupostos que o argumento nageliano revela em nosso marco conceptual. Se a realidade independente dos conceitos *reais* de nossa espécie, da espécie humana tomada como espécie de apreensores realmente existentes, é no entanto "dependente" dos conceitos possíveis de todos os apreensores possíveis, apresentando uma imensa variedade de "aspectos reais", então o modo de constituição do conhecimento humano de algum modo pode ser visto como um certo tipo de seleção. De entre essa multiplicidade de apreensíveis, o sujeito humano seleciona apenas o que pode apreender. Ele também seleciona o que lhe *interessa* apreender, deixando de lado aspectos que poderia apreender, mas não correspondem a seus interesses cognitivos – e sem dúvida tais interesses, importantes para a constituição dos objetos, têm variado ao longo da história e, em cada época, variam entre as diversas culturas. Mas além disso, ou antes disso, importa assinalar que há configurações, ou aspectos, ou "realidades" que seriam simplesmente impossíveis, que portanto não são reais em sentido algum do termo, e outras que fazem parte da realidade.

E as classes naturais, sob alguns aspectos, fazem parte dos apreensíveis – o real não é uma geléia ou "pasta" amorfa que o sujeito humano, ou qualquer outro sujeito possível, possa recortar com sua navalha epistêmica a seu bel-prazer, ou arbitrariamente. A realidade *resiste* à construção epistêmica, e nesse sentido talvez possamos até dizer que a *verdade* não pode ser *reduzida* a sua dimensão epistêmica.

Disso depende, entre outros aspectos, a possibilidade do *erro*, ou seja, *uma* das possibilidades de erro que existem. Os juízos verdadeiros acerca de classes naturais são aqueles que resultam de uma "seleção de aspectos" isenta de erro: neste capítulo a verdade é apenas a ausência de falsidade, ou seja, define-se negativamente. Algumas classificações que é possível imaginar seriam imediatamente vistas como "impossíveis" em face da realidade. E está inscrito em nosso marco conceptual que assim deve acontecer em qualquer marco conceptual possível – que seria inconcebível uma perspectiva para a qual nenhuma taxonomia arbitrária e fantasista fosse errônea.

A realidade das coisas não é constituída por tudo aquilo que à nossa fantasia apraz imaginar. Ela é constituída por apreensíveis, cujo conjunto para nós só pode surgir como indefinido, mas que é racional conjecturar que não pode ser amorfo nem ilimitado – na medida em que é constituído por conjuntos de predicados *possíveis*, de propriedades passíveis de apreensão por sujeitos possíveis. O conjunto dos apreensíveis é limitado por uma fronteira para além da qual se situa o impossível, aquilo que jamais poderia ser apreendido por qualquer sujeito, ou para o que não há apreensor possível. E é importante sublinhar aqui – lembrando outra vez que o Putnam mais recente preferiu chamar "realismo pragmático" ao que antes era seu realismo interno – que nada disto depende de fatores pragmáticos: o real é sem dúvida "relativo" aos apreensores possíveis, mas é "absoluto" diante destes limitados apreensores que somos nós, os sujeitos humanos reais.

XVI

Portanto em nosso marco conceptual – que, insista-se, não podemos razoavelmente repudiar enquanto não formos capazes de recusar o argumento de Nagel, dizendo por que razões seria inaceitável sustentar que há aspectos da realidade à nossa volta que seres superiores poderiam apreender – não há lugar para qualquer autêntica controvérsia entre "relativismo" e "absolutismo". Os *objetos* de conhecimento são relativos aos apreensores reais e a seus esquemas conceptuais historicamente dados, e as *entidades* ou coisas reais são relativas aos apreensores possíveis e a seus também possíveis esquemas conceptuais. Tudo o que é *real*, para além de simplesmente *existente*, é-o para um apreensor de sua realidade – de seus predicados, de sua identidade, de suas relações – mas tal em nada implica qualquer dependência em relação aos apreensores *reais*. Estes, que são pelo menos os apreensores humanos existentes, são apenas os sujeitos dotados dos esquemas conceptuais relativamente aos quais adquirem sentido os *objetos*. Por detrás dos objetos, ou "à volta" deles, as entidades reais, que não seria adequado nossa "gramática ontológica" dizer que "são em si mesmas", ou que "são reais em si mesmas" – mas que sem dúvida existem em si mesmas, pois já vimos ser absurdo outro existir que não esse – pois são reais, ou são o que são, sempre e apenas *para* um apreensor possível, essas entidades reais relacionam-se com os sujeitos empíricos (ou transcendentais) de um modo *relativamente absoluto,* se assim me posso permitir dizer, isto é, são absolutos perante os apreensores reais, embora relativos aos apreensores possíveis. Pois os sujeitos reais são também, *a fortiori,* apreensores *possíveis, para* os quais "são" os aspectos das entidades reais que "aparecem", ou são "fenômenos", ou são constituídos como objetos. Mas estes mesmos sujeitos reais em nada contribuem para qualquer construção daquela realidade mais ampla que se estende para lá dos fenômenos.

"Para nós", a realidade é um "em si", fora dos aspectos que nós mesmos apreendemos, como fenômenos constitutivos dos objetos. Mas esta realidade não é necessariamente, embora o seja contingentemente – pois atribuir-lhe necessidade equivaleria a tratá-la como um absoluto – mais *fundamental* ou mais profunda do que o conjunto daqueles aspectos que captamos como fenômenos. Se Daniel Dennett tem razão contra uma outra tese de Nagel, ao dizer que afinal não é para nós de todo impossível imaginar "como é ser um morcego"– (DENNETT, 1993: 441 ss.), numa crítica do célebre artigo "What is it like to be a Bat?" publicado na coletânea de Nagel intitulada *Mortal Questions* (NAGEL, 1979: 165 ss.) – é-nos possível ter uma idéia do que é apreender os fenômenos de sonar pelos quais os morcegos se orientam e através dos quais são capazes de apreender alguns aspectos do mundo que importam para a sobrevivência dessa espécie.. E neste caso podemos constatar que a "realidade dos morcegos", ao mesmo tempo que não nos é diretamente acessível, em nada se apresenta como mais fundamental do que a cena do mundo que se apresenta a nossos próprios sentidos e a nossa própria consciência. Seria até legítimo considerar mais pobre esse mundo fenomênico distinto do nosso. Mas basta aqui deixar estabelecido que não existem boas razões para considerar sempre o que nos é inacessível como mais básico do que o que nos é acessível. A realidade "lá fora" é mais ampla do que nosso mundo de objetos, mas nem sempre, e sob todos os seus aspectos, pode ser considerada mais fundamental.

Mas, sem dúvida, também é legítimo imaginarmos outras classes de apreensores, de capacidades mais complexas e ricas do que as dos morcegos ou as dos humanos, como fez por exemplo Locke ao lançar sua hipótese dos "olhos microscópicos" (LOCKE, 1689: 303). Se nós tivéssemos olhos capazes de ver o "infinitamente pequeno", afirma Locke, poderíamos conhecer o mecanismo causal do mundo. Note-se no entanto que, conforme Locke não deixou de assinalar, nesse caso poderia também haver uma perda: a capacidade de ver os corpúsculos mais diminutos poderia acarretar a ausência de nossa capacidade para apreender os objetos médios e observáveis que constituem o mobiliário de nosso mundo comum. Veríamos os átomos da "mesa científica" de Eddington, mas talvez não fôssemos capazes de ver a forma da própria "mesa comum", por falta de adequada perspectiva.

Admitir uma realidade para lá do que "aparece" não implica maior compromisso do que o que encerra o argumento nageliano: um mundo de apreensíveis, ao qual não podemos legitimamente atribuir qualquer caráter "fundamental", simplesmente porque disso nada sabemos. Alguns aspectos poderão sê-lo, como é pretendido por algumas de nossas especulações científicas, e outros poderão ser mais secundários do que muitos de nossos fenômenos. Não sabemos. E nem mesmo podemos dizer que *sabemos* da existência ou da realidade de entidades para lá do fenomênico. A concepção aqui apresentada é talvez um realismo alternativo, quer ao metafísico quer ao internalista, mas é apenas aquela concepção que se encontra tacitamente inscrita em nosso marco conceptual, como pudemos mostrar a partir de Nagel. E aquilo que essa concepção *aponta*, como algo que "vem com o território", e que não podemos rejeitar sem abandonar também tudo o que nos permite refletir, seja no espaço da ontologia ou no da epistemologia, acerca da "natureza da realidade", não seria corretamente entendido como dependente de *nossos* esquemas conceptuais – e sim dos esquemas conceptuais (se ainda forem apenas isso) de todos os apreensores possíveis.

XVII

Putnam opõe-se coerentemente ao realismo ingênuo e ao realismo metafísico, mas seu conflito parece ser sobretudo com o realismo *científico*, pelo menos em sua versão mais ingênua, como crença na existência real das entidades postuladas pela ciência – descobertas, não invenções (VAN FRAASSEN, 1980: 7). Em "Why There Isn't a Ready-Made World" (PUTNAM, 1983: 225 ss.), depois de mais uma vez ter delineado o realismo interno em termos sobretudo negativos, para desespero de críticos como Hurtado – como "um realismo que reconhece a diferença entre 'p' e 'eu penso que p', entre estar *certo* e meramente pensar que se está certo, sem situar essa objetividade nem na correspondência transcendental nem no mero consenso" *(id.*, p. 225-6) – Putnam passa a citar os "modos de fazer mundos" goodmanianos (GOODMAN, 1978) sem maiores explicações, e nunca chega a dizer em que consiste, afinal, essa objetividade. Num outro texto sugere que essa objetividade consiste na conformidade com o esquema conceptual em que, dessa maneira, se está "certo". É muito pouco e é muito pouco claro. Mas no resto desse texto sua argumentação acaba por deixar transparecer que sua verdadeira *bête noire* é o realismo científico.

Porque tudo parece girar, a partir daí, em torno de mais uma negação: a da possibilidade de "uma teoria coerente dos *númenos*, consistente, sistemática e alcançada pelo método científico". Devemos concordar com Putnam, segundo creio, que tal empresa é "quimérica", e que uma metafísica materialista de inspiração científica é um sonho sem futuro. Mas logo se argumenta: "Toda a história da ciência parece combinar mal com esses sonhos". Por exemplo, alega nosso filósofo, Newton sempre rejeitou que sua teoria da gravitação "pudesse ser lida como uma descrição de fatos metafisicamente derradeiros" (PUTNAM, 1983: 226-7).

Depois disso, é lembrado que a teoria científica mais prezada pelo autor, a mecânica quântica, "não tem qualquer interpretação realista que seja aceitável para os físicos", nem pretensões de absoluto, pois nada nela pode ser independente de um observador. E conclui Putnam: "Nada na história da ciência sugere que esta procure ou devesse procurar chegar a uma única e *absoluta* versão do mundo, pois nunca se poderia dizer qual de entre várias teorias seria "realmente verdadeira" *(id.*, p. 227 ss.). O que Putnam recusa – e creio que nisso devemos segui-lo – é sobretudo que alguma teoria científica futura possa vir a considerar-se "toda a verdade", interpretada realisticamente.

Mas em outro texto vemos que a exigência de Putnam vai mais longe, e que o que está em jogo é o próprio *princípio*, ou a própria *possibilidade*, de uma teoria corresponder à realidade. Se dois filósofos discordarem acerca de uma questão como a existência de pontos espaciais, e se puser a pergunta "Há alguma afirmação de fatos que seja concreta?", a resposta é: "Um realista científico que responda 'tem de haver' – ou há coisas como pontos espaciais ou não há – já se tornou num realista metafísico" (PUTNAM, 1982: 197). O que é assim descartado não é apenas que uma teoria possa ser vista como "a verdade", ou "a única"; é também, implicitamente, que alguma teoria possa ser dita totalmente falsa, no sentido de se poder dizer que *não é o caso* o que ela sustenta, e também que se possa admitir que uma teoria tem como referente uma *realidade* efetivamente existente, sem ter que ser "existente de modo dependente da mente, ou de teoria" – posição cujas dificuldades já foram apontadas.

É portanto contra aquele realismo científico que se caracteriza por essa opção considerada metafísica, de admitir a existência de referentes reais para nossas teorias, e mesmo pela afirmação de que tal seria destituído de sentido, que se perfila o realismo interno putnamiano. Mas um realismo que pretende ser "interno" deveria ser capaz de se opor eficazmente a qualquer realismo de pretensões externalistas, onde tivesse sentido um mundo real que não fosse concebido apenas através dos esquemas conceptuais da filosofia e da ciência existentes. Ora o realismo comum, aquele que Putnam acarinha ao atribui-lhe a justa dimensão de uma posição que se escreve, sensatamente, com r minúsculo, em contraste com o que vimos ser a desmedida ambição do Realismo metafísico com R maiúsculo, não será internalista, no mesmo sentido em que Putnam emprega o termo, se for, como procuro aqui mostrar, rigorosamente conforme ao argumento de Nagel. Nosso marco conceptual "prático", incluindo todos os conceitos cuja estrutura global nos impede de rejeitar aquele argumento, postula um mundo de realidades apreensíveis, que tem *sentido* dentro de nossos esquemas em termos de seus apreensores possíveis, embora evidentemente, para tentar conhecer a "realidade numenal", fosse necessária uma especulação que poderia ser do tipo das que Putnam rejeita no texto citado por último. Mas o problema é *conceptualmente anterior* a esse. A recusa de sentido a um mundo que não fomos nós que fizemos é uma tese ontológica putnamiana, ou então um ponto meramente conceptual, que não deveria depender em nada de qualquer decisão relativa ao realismo científico.

O realismo interno de Putnam expressa essa recusa, a meu ver bem fundada, de um realismo científico especulativo. Mas ele pretende também recusar o *mundo de apreensíveis,* cujo sentido é o de uma estrutura, e não o de uma "pasta" amorfa, que o realismo comum traz em seu bojo, conforme revela seu acordo com o argumento nageliano. E esse mundo é um mundo cuja *realidade* só pode ser concebida em termos externalistas – é o que nos diz o marco conceptual em cujo "interior" pensamos – embora certamente qualquer verdade que quiséssemos atribuir a uma *descrição* desse mundo, para além dos limites traçados pela "ontologia minimalista" implícita no realismo comum, só pudesse, sem dúvida, ter o alcance "interno" pretendido por Putnam.

Mais adiante na mesma obra, Putnam volta a operar a mesma passagem, que creio duvidosa, da epistemologia para a ontologia. Ele defende (*id.*, p. 230) que proposições como "os campos de força existem como coisas físicas reais" ou "existem coisas de cor castanha" são verdadeiras, sim, mas apenas, cada uma delas, relativamente a esquemas conceptuais ou versões do mundo. No primeiro caso, mais uma vez temos uma crítica ao realismo científico, implicando que dos campos de força não se pode propriamente dizer que são reais "em si", no espírito de um realismo externo que no fundo é o realismo metafísico. No segundo caso, retoma-se o tema das qualidades segundas (Galileu, Locke), mas como parte da idéia mais ampla de que todas as nossas pretensões de conhecimento do mundo são verdadeiras, não de um ponto de vista externo a nossa "versão de senso comum do mundo", mas relativamente ao esquema conceptual desta última. Em ambos os casos (e no das disposições, mencionado na página seguinte por Putnam), assistimos a argumentos epistemológicos da perspectiva do realismo interno, argumentos que a meu ver têm plena validade: nada podemos *saber ou conjecturar* fora de nossos esquemas conceptuais, e a verdade dos exemplos dados só pode ser asserida internamente. Não tem sentido dizer que os campos de força existem em si mesmos, tal como não tem sentido dizer que as folhas das árvores são verdes em si mesmas.

Mas Putnam acrescenta logo em seguida uma cláusula de ordem não mais epistemológica, mas nitidamente ontológica: "Postular um conjunto de objetos 'últimos', o mobiliário do mundo, ou o que se queira, cuja 'existência' é *absoluta*, e em nada relativa a nosso discurso, e uma noção da verdade como 'correspondência' a esses objetos últimos, é simplesmente reviver toda a empresa falhada da metafísica tradicional" (*id.*, p. 231). O que Putnam aqui recusa não é mais apenas que se afirme a verdade de *proposições,* é que se pretenda a legitimidade de *conceitos*. Não apenas se vedam quaisquer enunciados fora do realismo interno, como se proíbem também quaisquer *postulados*. Ora trata-se de problemas filosóficos diferentes em cada caso, os quais devemos distinguir cuidadosamente, atentos tanto à possibilidade de que se trate de um "contínuo", afinal, como à de que se trate de uma necessária dicotomia.

Nesse texto de Putnam há duas questões, a da existência absoluta e a da verdade como correspondência. A "ontologia mínima" do realismo comum, de nossa perspectiva, tem a ver com a primeira dessas questões, embora também possa contribuir para o esclarecimento do sentido da segunda, conforme já foi visto. Mas limitemo-nos à primeira, a mais nitidamente pertencente ao domínio ontológico, e não ao epistemológico. Putnam não distingue, e creio que deveria fazê-lo, entre "postular um mobiliário do mundo cuja existência é absoluta" e o que seria, em termos epistemológicos e não mais puramente ontológicos – pelo menos os de uma "ontologia analítica", sem pretensões metafísicas em sentido tradicional – postular que certas "mobílias" definidas existem em si, com os traços que lhe atribui uma de nossas teorias, de maneira absoluta e independentemente desta mesma teoria, ou do conjunto das teorias de que dispomos em nosso marco conceptual total. Trata-se de pretensões muito diferentes, sendo a crítica putnamiana inteiramente válida no segundo caso – mas sem legitimidade no primeiro caso, dado o caráter profundo do realismo comum e de seus conceitos ontológicos (sem enunciados a serem afirmados), a partir dos quais se delineia com nitidez uma legítima concepção externalista – em relação a nossos humanos conceitos – da realidade do mundo.

XVIII

Desse ponto de vista, de modo algum se pretende conhecer a realidade do mundo – e pode-se admitir, como pessoalmente admito, que *a cognição* de realidades só tem sentido no quadro de um realismo interno com raízes em Hume e Kant, sempe falível no sentido de Peirce e conjectural pelo menos no sentido de Popper. Mas esclarecer *o que podem ser* realidades, ou discutir se elas podem ser ditas "em si" (o que vimos não ser legítimo), ou se por outro lado pode dizer-se que elas existem em si (o que vimos, pelo contrário, que é legítimo), ou se elas têm uma estrutura (e vimos que é forçoso que tenham uma, como *apreensíveis* que têm de ser para poderem ter sentido), são empreendimentos perfeitamente racionais, e as respostas que julguei encontrar também me parecem legítimas. Tendendo portanto a retirar validade às pretensões ontológicas de Putnam – mas não a retirar interesse a suas teses epistemológicas, digna versão de uma filosofia crítica vasada em termos atuais. Creio que toda a estratégia putnamiana consiste em tentar forçar uma extensão "imperialista" do internalismo, a ultrapassar a epistemologia, que é seu domínio próprio de soberania, para tentar invadir o espaço da ontologia, onde, como se diria em linguagem kantiana, já não tem os mesmos direitos. Putnam sentiu, com muita razão, que nem o realismo científico nem o realismo metafísico constituíam, no fundo, grandes progressos em relação ao realismo ingênuo. Mas não soube ver, segundo creio, que seu caro realismo com r minúsculo, o realismo comum de nosso marco conceptual prático – um plano prático com um rico conteúdo conceptual, embora não propriamente "teórico" – não precisava ser defendido em termos internalistas, bastando-lhe perfeitamente seus próprios conceitos ontológicos mínimos. No espírito de um minimalismo onde se evita cuidadosamente qualquer incursão substantiva no patamar da metafísica especulativa, pois este, como disse Kant, é um mar revolto onde o mais natural seria nos perdermos.

Esse espírito é o da racionalidade comum, se nossa conjectura for correta, e do qual Kant teve uma profunda intuição, ao escrever no Prefácio à Segunda Edição da *Crítica da Razão Pura*, depois de reiterar a impossibilidade de conhecer qualquer objeto como coisa em si: "Todavia, deverá ressalvar-se e ficar bem entendido que devemos, pelo menos, poder *pensar* esses objetos como coisas em si, embora os não possamos *conhecer*". Ao que acrescenta, em nota: "Para *conhecer* um objeto é necessário poder provar sua possibilidade [...] Mas posso *pensar* no que quiser, desde que não entre em contradição comigo mesmo, isto é, desde que meu conceito seja um pensamento possível, embora não possa responder que, no conjunto de todas as possibilidades, a esse conceito corresponda ou não também um objeto. Para atribuir, porém, a um tal conceito validade objetiva (possibilidade real, pois a primeira era simplesmente lógica) é exigir demais. Mas essa qualquer coisa a mais não precisa ser procurada nas fontes teóricas do conhecimento, pode encontrar-se também nas fontes práticas" (KANT, 1787: 25). Sabemos que Kant procurou tais fontes no plano da ação e da moral. O que aqui se pretendeu mostrar é que é possível encontrá-las na racionalidade comum, embora apenas quanto à "maneira de pensar" nas coisas como podem ser – independentemente de nós.

Conclusão

EM MEIO À realidade do mundo, um ser mortal luta para sobreviver. Uma das armas relevantes nessa luta é a capacidade de saber como é o mundo, pelo menos quanto aos nichos onde esse ser precisa perdurar como organismo vivo. Esse organismo é um ser natural em meio à natureza, e nenhuma faculdade supra-natural existe para dar-lhe acesso a qualquer saber. Por isso ele se vê obrigado a conjecturar, desde que nasce até que morre, sobre as contingências da vida que vai tendo – as pedras e árvores do planeta onde vive, os outros organismos que também o habitam, os seres da mesma espécie que a sua, com alguns dos quais se organiza em grupos que são outros tantos instrumentos de sobrevivência, e depois precisa conjecturar sobre os comportamentos dos outros, as formas culturais próprias de seu grupo e dos outros, e até às vezes sobre a história que foi atravessada por esses grupos, e até mesmo sobre seu destino e o dos outros, o sentido de sua vida, o sentido da existência.

Este livro ocupou-se apenas de alguns dos aspectos mais básicos desse saber, começando pela natureza deste último, ou seja, das formas possíveis de apreensão do mundo em que precisamos sobreviver. Esse saber, que muitos chamam "conhecer", e que outros discutem de que modo nasce da aprendizagem do mundo e da vida, aparece ao senso comum como cheio de certezas. É vantajoso que assim seja, para distinguir entre os cursos de ação que podem ser trilhados com segurança e aqueles, mais incertos, que é preciso seguir com mais cuidado, ou que é preciso evitar. Mas um dos resultados da imensa complexidade dos organismos humanos, talvez maior que a de outros organismos, é que alguns desses organismos têm dúvidas filosóficas, e algumas destas dizem respeito à natureza do saber. Neste livro sustenta-se que a palavra "conjecturalidade" caracteriza corretamente a maior parte daquilo que designamos por outras palavras, "cognição" ou "saber", com a conseqüência, para mim e para cada um dos outros seres de minha espécie, que apenas é evidente, e portanto absolutamente certo, que neste exato momento sou um sujeito tendo uma experiência, sendo tudo o mais apenas conjectural, em graus diversos que levam ao uso de outros termos para distinguir entre eles, como "certo", "provável", "plausível", "possível", e outros de conotação mais negativa.

Mas o saber conjectural é, não apenas indispensável à sobrevivência, mas também irresistível como forma de satisfazer essa nossa inclinação que se chama "curiosidade". Quando essa curiosidade é de tipo filosófico, algumas das perguntas que nos ocorrem são acerca, não apenas do que é saber, mas também do que é isso que sentimos em nós e se chama "consciência", ou daqueles atos a que chamamos "observações", ou da cognoscibilidade das cadeias de causação que atravessam o mundo real e de cuja descoberta depende grande parte de nossa sobrevivência, ou também em que medida é legítimo falarmos de uma realidade independente de nossos atos cognitivos. Outras questões se poderiam juntar a estas, mas as limitações do assunto indicado no título e das capacidades do autor reduzem-nos ao círculo aqui discutido.

Essa discussão desenha uma figura do sujeito cognoscente humano, assim como do quadro no interior do qual ele pode adquirir seu saber conjectural, que muitas vezes acerta com a realidade e por isso é um instrumento de sobrevivência tão importante como a capacidade física e outros aspectos do organismo. Por um lado, a mesma consciência que lhe permite ser sujeito talvez seja fundamentalmente a capacidade de apreender alguns dos estados desse organismo – aqueles mais relevantes para a sobrevivência – que lhe dão acesso a miríades de informações, sobre o estado do próprio corpo, do ambiente imediato que o rodeia, dos efeitos dos poderes causais com que pode defrontar-se. Talvez seja essa a melhor conjectura acerca da natureza da consciência, porque ela pode dar conta de toda uma ordem de fenômenos que sem ela poderão estar condenados a permanecer como "mistérios". De outras perspectivas, a consciência surge como um conceito híbrido, referido a fenômenos aparentemente sem nexo entre si, como foi defendido por Ned Block, no seguimento dos argumentos de Chalmers discutidos em nosso segundo capítulo. Para esses dois filósofos e outros há uma "lacuna explicativa" entre a função da consciência como meio de acesso à informação e a característica "fenomenal" que apresenta também – a posse de propriedades experienciais como as sensações e as emoções, as percepções e os sentimentos (BLOCK, 1997: 380-1).

Nos termos da conjectura de que a consciência é fundamentalmente apreensão de estados organísmicos, e não outro tipo de "faculdade", a função informativa e a "fenomenologia" fazem parte de um mesmo mecanismo, no qual o brilho e o colorido dos *qualia*, como também são chamadas as propriedades experienciais da consciência, são os instrumentos "escolhidos" pela natureza para comunicar ao sujeito as informações, tanto acerca do estado de seu corpo como das situações do mundo que o rodeia que são necessárias a sua sobrevivência. Aqui não há "abismo", há apenas um entre muitos mistérios da natureza: *por quê* na evolução das espécies foram selecionados os *qualia*, e não outro dispositivo diferente, como correia de transmissão das informações relevantes?

Há algumas sugestões sobre a função, por exemplo, dos padrões inatos de similaridade das cores e outros aspectos da percepção visual, na seleção natural que foi favorável a nossa espécie: a visão de algumas cores pode servir de guia na escolha dos nutrientes adequados a nossa sobrevivência (QUINE, 1969: 127 ss.), mas ninguém propôs uma explicação geral dos *qualia*. Consola-me supor que não sou o único que deve confessar sua incapacidade para apresentar uma explicação global satisfatória desse aspecto central de nossa existência. Mas tal não é razão para falar de lacuna explicativa – esse tipo de vertigem resulta apenas de acreditar no hibridismo do conceito de consciência (Block fala até de dois conceitos, pelo menos), com a conseqüente ilusão de que é preciso procurar uma teoria capaz de unir dois domínios separados. Da perspectiva aqui defendida há apenas um conceito de consciência, com dois aspectos reconhecidamente diferentes, mas onde um se torna compreensível como instrumento do outro.

Quanto àquela capacidade de observação que é um dos aspectos centrais da vida da consciência, foi aqui alegado que sobre ela não há boas razões para acrescentar qualquer camada suplementar de conjecturalidade além daquela que é nossa condição cognitiva. Não há mais impregnação teórica da observação do que impregnação teórica das noções de sujeito que construímos para dar conta de nossa experiência, ou das próprias noções de experiência duradoura que construímos para explicar a experiência de cada instante. Mas sem dúvida os problemas da carga teórica se situam num plano mais rico e mais complexo do que o das teorias da consciência, chegando até a apontar para o domínio da filosofia da ciência – mais do que podemos encontrar no último capítulo, embora neste a invenção teórica também seja vista como construção de imagens daquilo que os cientistas e seus seguidores acreditam ser real.

A conjecturalidade da observação, primeiro a de raiz biológica e inata e depois a de fonte científica, gerada no mundo da cultura, vem-se juntar coerentemente ao que antes fora sugerido, primeiro a conjecturalidade de praticamente todo o saber e depois a conjecturalidade, não apenas, naturalmente, dos conceitos mais elaborados de consciência, mas também – embora este último aspecto tenha ficado apenas sugerido – das hipóteses acerca do mundo exterior, além de nosso mundo interior, que construímos a partir da apreensão de estados organísmicos.

A partir da observação, e sobretudo a partir da observação repetida de conjunções de fenômenos, o sujeito se torna capaz de formar noções eficazes acerca da causação. As inferências causais constituem outro exemplo de conjecturalidade, aspecto que ficou apenas implícito em nosso quarto capítulo. Não apenas é ilegítimo pretender qualquer "datidade" strawsoniana da produção de certos efeitos por certas causas – a esta questão se restringiu esse capítulo – como além disso a construção de noções causais em sua face mais fundamental, assente na repetição, é uma operação conjectural, na medida em que é apenas uma simplificação dizer que concluímos "indutivamente" que há relação causal entre fenômenos repetidamente conjugados.

Uma teoria preferível pode ser consistir, primeiro, em partir do fato bem claro de que nossa experiência a todo o instante nos apresenta conjunções de fenômenos em relação aos quais permanecemos indiferentes, e em geral nem sequer notamos, sendo a imensa maioria das conjunções que observamos, no mundo em que vivemos e em nós próprios, tratadas como se fossem fortuitas e casuais, o que plausivelmente de fato são, na maior parte dos casos. Segundo, da constatação de que, quando uma dessas conjunções se repete significativamente na experiência do sujeito, se manifesta uma tendência inata desse último para rejeitar qualquer hipótese de que essa conjunção seja mais uma obra do acaso – embora certamente ninguém tenha qualquer noção definitiva acerca da natureza do acaso. Para cada um de nós, uma conjunção repetidamente presente em nossa experiência simplesmente não pode ser considerada apenas fortuita, e a única conjectura alternativa de que dispomos é uma hipótese causal, conforme argumentei em outro lugar (MONTEIRO, 2003: 99 ss.), envolvendo a convicção de que esses dois fenômenos, causalmente ligados, continuarão aparecendo conjugados na generalidade da experiência futura.

Finalmente, toda a argumentação da presente obra é feita de uma perspectiva realista, assente numa convicção que podemos designar como "realismo radicalmente neutro", deixando-nos inspirar parcialmente em Russell, cujo "monismo neutro" já foi aqui mencionado. Podemos dar esse nome à hipótese, discutida no último capítulo, de que vivemos num mundo que não fomos nós que fizemos, que há uma realidade independente de qualquer "sujeito constituinte" ou de qualquer "contexto cultural" que a conceba, mas que em termos metafísicos o mais prudente é permanecermos totalmente neutros quanto ao problema da natureza última dessa realidade. Mas sem dúvida podemos, e devemos, construir conjecturas acerca de um sem número de aspectos dessa realidade, esforçando-nos para que tais conjecturas sejam as melhores explicações do conjunto de fenômenos que é constitutivo de cada um desses aspectos. Nosso capítulo final é fundamentalmente negativo, em seu esforço por descartar as teses do realismo interno de Putnam, bem como de ideologias ainda menos aceitáveis do que esse "realismo". De certo modo, esse capítulo é independente da perspectiva naturalista que manifestamente, apesar de não explicitada, anima os restantes capítulos. Mas tenho a esperança de que seja inteiramente coerente com ela, e conclua harmoniosamente o conjunto de conjecturas acerca da realidade da cognição, assim como da autonomia da realidade, que neste livro se apresenta.

Referências bibliográficas

BERGSON, Henri. *Matière et Mémoire*. Paris: Alcan, 1925.

BEUCHOT, Mauricio. Realismo, epistemología y clases naturales en Hilary Putnam. *Diánoia*, n. 38, 1992.

BLOCK, Ned. On a confusion about a function of consciousness. In: BLOCK, Flanagan; GÜZELDERE (Orgs.). *The nature of consciousness*. Cambridge, Ma.; Londres: MIT Press, 1997.

BONJOUR, Laurence. *In defense of pure reason*. New York: Cambridge University Press, 1999.

CAVELL, Stanley. *The claim of reason*. Nova York: Oxford University Press, 1982.

CHALMERS, David. *The conscious mind*. New York; Oxford: Oxford University Press, 1996.

CARNAP, Rudolph. *The logical structure of the world*. Berkeley: University of California Press, 1967.

COMTE, Auguste. *Cours de philosophie positive*. 5. ed. Paris: Société Positiviste, 1893.

DAMÁSIO, António. *The feeling of what happens*. New York: Harcourt, 1999.

_____. *Looking for Spinoza*. Nova York: Harcourt, 2003a.

_____. *Ao Encontro de Espinosa*. Lisboa: Publicações Europa-América, 2003b. Versão portuguesa do autor.

DAVIDSON, Donald. *Inquiries into truth and interpretation.* Oxford: Clarendon Press, 1984.

DESCARTES, René. *Méditations métaphysiques.* In: *Oeuvres et Lettres.* Paris: Gallimard,1952. (1. ed. 1641). (Bibliothèque de da Pléiade).

ENGELMANN, Arno. Dois tipos de consciência: a busca da autenticidade. *Psicologia USP,* S. Paulo, v. 8, n. 2, 1997.

FEYERABEND, Paul. Problems of Empiricism. In: COLODNY, Robert G. (Org.). *Beyond the edge of certainty.* Englewood Cliffs: Prentice Hall, 1965.

_____. *Against method.* London: NLB, 1975.

FIELD, Hartry. Realism and relativism. In: *The Journal of Philosophy,* v. 79, n. 10, 1982.

GOLDMAN, Alvin. *Epistemology and cognition.* Cambridge, Ma.; Londres: Harvard University Press, 1986.

GOODMAN, Nelson. *Ways of worldmaking,* Indianapolis: Hackett, 1978.

GUTENPLAN, Samuel. (Org.). *A companion to the Philosophy of Mind.* Oxford: Blackwell, 1994.

HANSON, Norwood Russell. *Patterns of discovery.* Cambridge: University Press, 1965.

HUME, David. *A treatise of human nature.* David & Mary Norton (Eds.). Oxford: University Press, 2000. (1. ed. 1739).

_____. *An enquiry concerning human understanding.* Tom Beauchamp (Ed.). Oxford: University Press, 1999.

HURTADO, Guillermo. La Incoherencia del Realismo Interno. In: *Diánoia,* n. 38, 1992.

KANT, Immanuel. *Crítica da razão pura.* 2. ed. Trad. M.P. Santos e A. Morujão. Lisboa: Gulbenkian, 1985.

KUHN, Thomas S. *The structure of scientific revolutions.* 2. ed. Chicago; Londres: University of Chicago Press, 1970.

LEPORE, Ernest. (Org.). *Truth and interpretation:* perspectives on the philosophy of Donald Davidson. Oxford: Blackwell, 1986.

LOCKE, John. *An essay concerning human understanding.* [s.l.]: Oxford University Press, 1985. (1. ed. 1887).

LORENZ, Konrad. *L'envers du miroir.* Trad. Jeanne Étoré. Paris: Flammarion, 1975.

MARQUES, António. *Perspectivismo e modernidade.* Vega, 1993.

MCGINN, Colin. Recensão de *Looking for Spinoza* (Damásio 2003 a), *New York Times*, 23 Feb. 2003.

MONTEIRO, João Paulo. *Hume e a epistemologia.* Lisboa: Imprensa Nacional, Lisboa, 1984.

_____. *Novos estudos humeanos.* Lisboa: Imprensa Nacional, 2003.

MOULINES, Carlos-Ulises. *Exploraciones metacientíficas.* Madrid: Alianza Editorial, 1982.

NAGEL, Thomas. *Mortal questions.* Cambridge: University Press, 1979.

_____. *The view from nowhere.* Oxford: University Press, 1986.

_____. *The last word.* New York: Oxford University Press, 1997.

NIETZSCHE, Friedrich. *O livro do filósofo.* Trad. Ana Lobo. Porto: Rés-Editora, [s.d.]. (1. ed. 1872).

_____. *Para além de Bem e Mal.* Trad. Hermann Pflüger. Lisboa: Guimarães Editores, 1987.

POPPER, Karl. *The logic of scientific discovery.* London: Hutchinson, 1974. (1. ed. 1959).

_____. *Objective knowledge.* Oxford: Clarendon Press, 1973. (1. ed. 1972).

PUTNAM, Hilary. *Meaning and the moral sciences.* London: Routledge & Kegan Paul, 1978.

_____. *Reason, truth and history.* [s.l.]: Columbia University Press, 1981.

_____. Three Kinds of Scientific Realism. In: *Philosophical Quarterly,* v. 32, n. 128, 1982.

_____. *Realism and reason.* [s.l.]: Cambridge University Press, 1983.

_____. *The many faces of realism.* La Salle: Open Court, 1987.

_____. *Representation and reality.* [s.l.]: M.I.T. Press, 1988.

_____. *Realism with a human face*. [s.l.]: Harvard University Press, 1990.

QUINE, Willard. *Ontological relativity*. [s.l.]: Columbia University Press, 1969.

_____. *The roots of reference*. La Salle: Open Court, 1973.

_____. *The ways of paradox and other essays*. [s.l.]: Harvard University Press, 1979.

_____. Reply to Stroud. *Midwest Studies in Philosophy*. University of Minneapolis Press, v. 6, 1981.

_____; ULLIAN, J. S. *The web of belief*. 2. ed. New York: Random House, 1978.

RUSSELL, Bertrand. *Mysticism and logic*. London: Unwin Books, 1970.

_____. *Human knowledge*. London: Routledge, 1992.

SANCHES, Francisco. *Que nada se sabe*. Trad. Basílio de Vasconcelos. Lisboa: Vega, 1991. (1. ed. 1581).

SEARLE, John. *The rediscovery of the mind*. Cambridge, Ma.: MIT Press, 1992.

SELLARS, Wilfrid. *Science, perception and reality*. London: Routledge & Kegan Paul, 1963.

_____. Phenomenalism. In: CASTAÑEDA, H.-N (Org.). *Intentionality, minds, and perception*. Wayne: University Press, 1967.

SPENCER, Herbert. *Problèmes de morale et de sociologie*. Trad. H. Varigny. Paris: Guillaumin, 1894.

STRAWSON, Peter. *Analysis and metaphysics:* an introduction to philosophy. Oxford: University Press, 1992.

VAN FRAASSEN, Bas. *The scientific image*. Oxford: Clarendon Press, 1980.

WITTGENSTEIN, Ludwig. *Philosophical investigations*. Trad. G. E. M. Anscombe. New York: Macmillan, 1968.

SOBRE O LIVRO

Formato: 14 x 21 cm
Mancha: 10,5 x 18,5 cm
Tipologia: Garamond 11,5/15,5
Papel: pólen soft 80 g/m² (miolo)
Cartão Supremo 250 g/m² (capa)
1ª edição: 2006
Tiragem: 1500 exemplares

Impresso nas oficinas da
Gráfica Palas Athena